利益3倍化を実現する

「儲かる特別ビジネス」のやり方

―イレギュラー対応を仕組み化して
事業を大化けさせる具体策―

中川洋一 Yoichi Nakagawa

エベレスト出版

利益3倍化を実現する「儲かる特別ビジネス」のやり方

中川洋一 著

まえがき

本書は、不毛な価格競争から脱却して収益性を上げたい、忙しいばかりで儲からない事業を強くして、しっかり選ばれて利益が残る体質にしたい、そんな経営者の方に向けて書いた実務書です。

最大の特徴は、競合他社との本質的な差別化を実現し、本書のタイトルに「利益3倍化」とあるように、業界の常識を大きく上回る収益をあげるための手法として『特別ビジネスの構築』という一つの答えを提示し、その考え方と具体手順について解説している点です。

「特別ビジネス」というのは、特急対応、超小ロット対応、現場での実地指導、技術コンサルティング、特注対応、カスタマイズ対応…といった、他社がやっておらず、顧客も驚くような特別対応・イレギュラー対応を軸としたビジネス手法です。

かゆいところに手が届く〝未解決のニーズ〟は宝の山です。本来は〝イレギュラー〟であるはずの特別対応を仕組みで廻し「標準化」することで、競合不在の〝無尽蔵の市場〟で大きく儲かる事業展開をすることができます。

事実、通常は業務プロセスに負荷がかかる特別対応を標準化することに成功、「キラーサービス化」することで、ライバル企業を尻目に、大きく収益を伸ばす企業が増えてきています。

逆の言い方をすれば、ニーズが限りなく多様化した今の時代において、他社でもできるような「普通」のことをやっていたのでは、強いビジネスをつくることはできないということです。御社ならではの「特別」を打ち出し、替えがきかない存在にならなければ、この変化の激しい時代に生き残ることはできないのです。

そんなビジネスを実現できるのは、一部の業種や業界での話だろうと思われるかもしれませんが、この「特別ビジネス」を展開し、従来よりも飛躍的に収益性を高めることに成功した企業の業種・業界は多岐に亘ります。本書を読み進めていただくにつれ、この手法が、「今やっているビジネスでも必ず生み出せる」という点をご理解いただけるはずです。

バブル崩壊、リーマンショック、業界の不祥事、大口顧客の倒産…、まるで3．11の東日本大震災のように、突然の津波に襲われ、それまでの平穏だった日々が突如として失われるといったことが、ビジネスの世界において普通に起こっています。

私自身、まだ駆け出しの頃に、経営難に陥った取引先に対して何もお手伝いできないまま倒産させてしまったという経験があります。その時の不甲斐ない気持ちが、私が「特別ビジネス」の構築をご支援する原点となっています。大きな津波が襲ってきても大丈夫なように備えていただきたい――その一心で日々中小企業の経営支援にあたっています。

世の中では、役に立たない古い経営理論やマーケティングセオリーがいまだに伝えられています。重要なことは、「自社独自の強みを実現するために必要な打ち手を、正しい順番で実施する」ことです。本書では、この点について、多くの経営者が陥りがちな誤りを例示しながら、具体的な取り組み方を提示しています。

本書を通じて、強い事業をつくるための考え方が正しく理解され、顧客から「御社があってよかった」と言われるような特別な存在として、大きく報われる経営を実現する会社が一社でも増えることを願っています。

令和元年12月吉日

株式会社キラーサービス研究所
代表取締役　中川洋一

もくじ

第1章

特別ビジネスこそ中小企業が儲ける最強の手法

1 ちょっとした変化でビジネスは激変する

特別ビジネスで事業は生まれ変わる！

本書は、不毛な価格競争から脱却して収益性を上げたい、忙しいばかりで儲からない事業を強くして、しっかり選ばれて利益が残る体質にしたい、そんな経営者の方に向けて書いた実務書です。

つまり、一言でいうと「儲かる事業をつくるための指南書」ということになりますが、これは、よく巷で言われている「コストダウン」や「生産性向上」といったアプローチではありません。事業そのものを強くし、しっかり高単価をつけても選ばれるビジネスにするということです。

私は現在、株式会社キラーサービス研究所という経営コンサルティング会社を営んでいます。「キラーサービス」というのは聞きなれない言葉だと思いますが、決して殺し屋のサービスではありません。それは冗談ですが、キラーというのは「殺し」という意味のほかに、実は「素晴らしい」「驚異的な」「他を凌駕する」という意味があります。また、逆に相手にそれをやられた場合は「痛手となる」「痛打な」という意味にもなります。

つまり「キラーサービス」というのは、それをやれば他社を凌駕でき、ライバル会社は痛手を被る、そんなサービスということになります。

具体的にはどんなものがあるかというと、代表的なところでは、特急対応、超小ロット対応、現場での実地指導、技術コンサルティング、特注対応、カスタマイズ対応…などなど。他社がやっておらず、顧客も「え、そこまでやってくれるの？」と驚くような、「かゆいところに手が届く」サービスとなります。

そういった、通常はどこもやらないような特別対応やイレギュラー対応を軸に事業を組み立てる手法が、本書のタイトルでもあります「儲かる特別ビジネス」ということになります。ではその**「儲かる特別ビジネス」**の具体的な内容についてお伝えしていきますが、その前に、なぜ私がこの本を書くことになったか、についてお話しさせてください。

私は社会人になってすぐに商社にて中小企業の経営再建や事業強化の支援に従事しました。

本来の私の業務は、化学品やプラスチックの原料販売だったのですが、当時はバブル崩壊直後の不況の真っ只中にあり、顧客の稼働が大きく落ち込んでいる状況でした。

そこで、「顧客の業績が上がれば原料販売も自動的に増える」と考えた私は、原料の営業をやるかわりに担当先企業に経営上のアドバイスを始めたのです。

もちろん最初は経営のことはよくわかりませんでしたから、こちらのアドバイスも的外れだったこともあったでしょう。しかし、続けているうちにそれぞれの会社の経営上の課題がよく見えてきました。そして、多くの会社の社長から「なぜうちが苦しくなっているかわかった」「やるべきことが明確になった」と感謝されるようになってきたのです。

皆さん目の前の仕事をこなすのに忙しくて、自社の経営課題について深く考える機会を持つことがなかなかできていなかったのですが、私のような第三者を入れてあらためてディスカッションすることで、自社の状況を客観視することが可能となったのです。

数でいうと四十〜五十社でしょうか。毎日複数の会社を訪問して、社長や幹部の方々と膝を突き合わせて会社の課題について深掘りしていきました。そしてあるとき「**どこの会社も抱えている経営課題は同じだ**」ということに気づいたのです。

業種や業態は違えど、業績に苦しんでいる会社というのはどこも共通して「**ある二つのこと**」ができていないということがみえてきました。

儲かっていない企業の共通点

そのあることのまず一つ目は**「自社独自の強みがない」**ということでした。

正確にいうと、その会社の社長や社員の方々が思っている「自社の強み」が独りよがりなもので、買い手にとってみれば「強み」とは感じられない。つまり差別化のポイントになっていないということです。

どんな強みを皆さんが挙げていたかというと、たとえば「品質」です。特に製造業の会社の多くがこの「品質」のこだわりを自社の強みだと認識されていました。しかしながら、いまや製造業もグローバル化、そして自動化が進み、品質上の差別化の余地は昔に比べて非常に小さくなりました。顧客が望む品質はいまやどの会社もクリアできるようになっているわけです。

また、別の言い方をすれば、今の時代は「品質だけではどうしようもない」という側面が強くなっています。昔は商品そのもの、つまり「モノ」の価値が重要視されていました。しかしながら、いまの時代は「モノからコト」とよく言われるように、その商品を使って実現できる総合的なサービスの価値が問われる時代となっています。

このような時代背景から、商品の品質は「良くて当たり前」であり、それだけで優位性を築くことは難しくなっているのです。

これは「商品の機能」についても同様のことが言えます。いくら商品に新しい機能を追加しても、そこにあるのは売り手側の自己満足だけで、肝心の買い手の方はそんな機能は別に求めていない、ということが往々にしておこります。モノがあふれている現代においては、「品質」と同様に「商品の機能」による差別化も非常に難しくなっています。

あるいは「創業○十年」といった「長年の実績」を自社の強みと考えている経営者も非常に多いです。たしかに長く続けてこられたということは大変なことですし、立派なことです。しかしながら、長く続けていることが、買い手から見てその会社を選ぶ決定的な要素となるかというと、これはどうでしょうか。

情報化が進み、異業種からの新規参入も過去に比べて容易になりました。そんななか、新規に参入してきた企業の社長が「お客様に新しい価値を提供するために、業界の古い慣習を壊す必要がある。そう思ってこの業界に参入することを決心しました！」と言って既成概念を打ち破るような商品・サービスを提供し始めたとしたら、強みと思っていた「長年の実績」がたちまち弱みになってしまう可能性もあるのです。小泉純一郎元首相が「古い自民党をぶっ壊す！」とやったアレです。

そもそも、これからは過去の延長線上でやっていける時代ではありませんから、いずれにしても「新しい強み」をつくっていかないと、いままでの社歴がいくら長くてもそれを武器にすることは難しいと言わざるを得ません。

一方、事業内容や商品ではなく「売り方」で差別化しようと、マーケティングの強化に力を入れる企業もありました。ダイレクトメールでの宣伝広告やウェブでのＳＥＯ対策などです。

今ならＳＮＳを活用したマーケティングに精を出す会社も多いわけですが、そういった流行りのマーケティング手法をいち早く取り入れたところで、そういった「やり方」レベルのものはすぐに真似されますし、またその手法もすぐにすたれます。またそのサイクルもどんどん短くなっていっています。

つまりいくらマーケティングの仕組み構築に力を入れても、それ自体が会社独自の強みにはなり得ないのです。

マーケティングを学んでも意味がない理由

ちょっと話はずれますが、当社が定期的に開催しているセミナーでよく経営者の方から「やはりマーケティングは学んだ方がいいでしょうか」と聞かれることがあります。私は間髪いれず「マーケティングなど学ばない方がいいですよ」とお答えしています。

誤解のないように言っておきますが、マーケティングを考えること自体は非常に重要ですし、経営において避けては通れません。しかしながら、世間で教えられたり、指導されたりしているマーケティングの内容というのは、本質的なことがほとんど伝えられておらず、非常に視点の低い内容にとどまるものがほとんどなのです。

もう少し具体的にお伝えすると、日本で伝えられているマーケティングというのは、八十年代から九十年代にアメリカで流行ったものがいまだにベースになっています。3Cとか4Pといったフレームワーク、あるいはセグメンテーションやポジショニングといった考え方もしかりです。

そして、もともとそれが流行った時代というのは、右肩上がりの大量生産・大量消費を前提とした**「大きな物語の時代」**でした。人々の価値化やニーズもいまと比べると単一的で、前述したフレームワークでザクっと市場やビジネスを整理すれば、なんとなく戦略らしきものを立てることができた時代です。

しかし、フランスの哲学者リオタールが予見したとおり、その「大きな物語の時代」は終焉を遂げ、いまは人々の価値観やニーズが限りなく細分化した**「小さな物語の時代」**を迎えました。

そのような新しい時代背景の中では、過去のアメリカ式マーケティングの考え方で市場を攻略しようとしても、実態とそぐわず効果が出ないばかりか、この理由は後述しますが、事業を駄目にしてしまう可能性すらあるのです。

ですから、サラリーマンがお勉強としてマーケティングを学びたいというのなら、どうぞご自由にとしか言えませんが、経営者がそのようなお勉強をすることは非常に危険ということを申し上げておきます。

「価値を提供する」の誤り

さて、品質にこだわっても、商品の機能を付加しても、長年の実績をアピールしても、マーケティングの施策を導入してみても、それが自社の強みにはなり得ないとお伝えしましたが、ではなぜ自社独自の強みをつくることが「儲かるビジネス」をやる上で大切なのでしょうか？

それを考えるうえで理解しておきたいポイントがあります。それは「売上か利益か、どちらが大事か？」ということです。

これは昔からよく話題にあがるテーマではないかと思います。そしていろんな答えが言われています。よくある答えとしては「どちらも大事だ」というものです。利益が出ないと意味がないが、その利益を生むためにはそもそも売上がないと駄目だ、というわけです。

他の答えとしては「売上が下がるとキャッシュフローが回らなくなるから、やっぱり売上確保が重要だ」とか。

他には、「赤字になったら銀行がいろいろうるさいので、やっぱり利益は出しておかないと…」ということを言う経営者もよくいらっしゃいます。

あるいは、ちょっと経営戦略などを学んだ人であれば、「プロダクトサイクルのどの段階かによって違う」といったことを言ったりします。

実は、これらの答えはすべて間違いです。結論、どちらが大事かというと、それは「利益」となるのですが、肝心なことは「なぜ利益が大事か」ということを理解しておくところにあります。

なぜ利益が大事か？　それを知るためには、「利益は何によって生まれるか？」という利益の源泉についてわかっておく必要があります。

利益は何によって生まれるか？　そうお聞きすると、「価値を提供するから」と答えられる方が多いと思います。つまり、「付加価値が利益を生む」というわけです。これは間違いではないのですが、この「価値を提供すればいい」との考えが、実は「儲からない」原因だったりします。

なぜ価値を提供しても儲からないのか？　その理由は、**いくらいい価値を提供しても、ほかのだれかも同様の価値を提供できるのであれば、それは「利益の取れる価値」にはならないから**です。

いくら「お客様にとって価値のある商品」を世に出したとしても、同じような商品が市場にゴロゴロあるとしたら、その商品は売れるかもしれませんが、儲かりはしないのです。なぜ儲からないか？　それは、**ビジネスの本質が「差別化」**だからです。価値を生み出しているものは、その商品そのものではなく、ほかのものとの「差」なのです。

そして、自社の商品が他社のモノと代わり映えしないのであれば、買い手はより明確な「差」を求めてきます。そして、**もっともわかりやすい差が「価格差」**です。こうして価格競争が生まれるわけです。

これが「売上」の場合は違います。顧客ニーズのあるものを適切なチャネルで市場に出せば、売上は上がります。千円で出回っているものを千円でアマゾンやメルカリに出せば売れるでしょうし、九百五十円で売れば確実に売れます。極端に言えば、売上は誰にでもつくれるのです。でも利益は違います。千円のものを千円で売っても当然利益は残りません。利益を残すためには明確な「差」が必要となるのです。

ここはしっかり考えていただきたい点です。いくら「いいもの」を提供したところで儲かりません。利益を出すためには「いいもの」ではなく「違うもの」を世に出していかなくてはならない。これがビジネスにおける原理原則なのです。

特別ビジネスで倒産の危機を脱出

私の商社勤務時代の担当先の一社であるプラスチック製品製造業のK社も、他社との明確な「差」を打ち出せず、価格競争に巻き込まれて業績が悪化した会社のひとつです。

「実は来月にも資金ショートしそうなんです」と悲壮な面持ちでK社長から打ち明けられました。がっちりした体つきでいつもは迫力のあるK社長ですが、この日は肩を落として小さくなられていました。

同社は顧客からの注文通りの規格のプラスチック製の袋やバッグを製造販売する会社でしたが、顧客からの価格要請が厳しく、平均価格が長年ジリ貧となっていました。

価格が下がる分さまざまなコストダウンに取り組んできましたが、それでも利益率の低下を食い止めることができず、ついに資金繰りがつかなくなったというわけです。

　まずはとにかく資金を確保しなければなりませんから、急いで事業再建計画を作成し、それをもって複数の銀行をまわり、追加融資や手形割引枠の増大などを交渉しました。また原料メーカーとも交渉して期間限定での値引きやサンプル提供を引き出したり、信用できる大口仕入先に支払いサイトを長くしてもらったり…。

　売上面でも、現金支払いの顧客を中心に集中的に営業をかけたりして、すぐお金になる売上をかき集めました。

　はじめは意気消沈してしまって、「俺が死ねば保険が降りるから…」などという不吉なことまで言い出す始末だったK社長も、だんだんと気持ちのスイッチが入り、「やっぱりこの会社を潰したくない！」と死に物狂いで動かれました。その結果、なんとか半年ぐらい延命できる資金を確保することができたのです。

　さて、問題はここからです。いくら急場しのぎで資金をかき集めても、肝心の事業そのものを強くしなければ、また苦しくなるだけです。

　私は社長にお願いして管理職以上の社員の方々を集めていただき、状況を説明して、会社が再度飛躍するための方策をディスカッションすることにしました。

　社長とともに工場の二階にある食堂に入っていくと、すでに8名の社員が渋い表情で席についていました。　実は、会社の危機的状況はとっくに社員にも伝わっていて、中には転職活動をすでに始めている社員も出始めているような状況だったのです。だれも前向きな発言をするような心持ちではありませんでした。

私はあれこれ切り口を変えて様々な質問を社員に投げかけていきました。しかし、彼らの口から出てくるのは、会社の悪口か社長への批判ばかり。

その中で、複数の社員の口から「うちは小型の機械が多いからダメだ」という意見が何度も出たのです。小型の機械ではパワー不足で生産性で競合に勝てないというのです。

私はすかさず尋ねました。「では小型の機械の方がいい場合ってありますか？」と。

すると、「透明じゃなくて着色した袋を吹くときは、原料の切り替えロスが少なくてすむからいいんだけど、うちにはそんな注文めったにないしなあ…」との回答でした。

その回答を聞いて、私は「これだ！」と思いました。着色したプラスチックバッグの超短納期・超小ロットなら高単価が取れるのではないかと考えたのです。

さっそく営業部長にお願いして、見込み客のニーズを探ってもらいました。するとやはり、「少しだけでいいので急ぎでほしい」というニーズは結構あることがわかりました。K社にも過去にそういった特別対応のリクエストが来たこともあったとのこと。

そういった「特別対応」は大きく儲けるチャンスです。顧客が「今回は特別になんとか対応してください」と言ってくるようなことを「標準のサービス」としてオファーすることができれば、商売としては非常に強く、これまでリーチしていなかった見込み客を取り込める余地も出てきます。

超短納期、超小ロットを実現するために、生産工程をゼロから見直し、特急対応の専用ラインを整えました。

また、製造リードタイムだけではなく、受注までの時間短縮にも徹底的にこだわりました。この部分は往々にして見逃されがちですが、製造の部分だけ納期を早くしても効果は限られています。短納期のカギは「受注のしやすさ」にあります。

従来は、見積り依頼を受けて、見積回答をし、そこから価格交渉があり、また再見積りを出して…、というように受注までに数日を費やすことが一般的でしたが、その見積りのやり取りの時間ロスをなくすために、サイズごとの標準価格を設定して事前に告知し、また受注プロセスも徹底的に簡便化しました。実はK社はもともとライバル会社と比較して納期は短く、小回りの利く会社として顧客からの評判は悪くはありませんでした。

しかしながら、「他社よりは少し早い」という程度で、それによって他社より単価が取れるレベルではありませんでした。しかし、K社はどの注文に対してもがんばって「なるべく早く」そして「なるべく安く」商品を提供していたわけです。

その結果として、別に大して急いでいない顧客に対しても「なるはや」で出荷し、逆にすごく急いでいる顧客に対しては対応しきれていない状態となっていました。つまりメリハリが効いておらず、頑張りどころが分散していたのです。

そういった、「一律にまあまあ早く、まあまあ安い」という中途半端な現在の状況を見直し、納期別の料金体系を導入することにしました。つまり、「超短納期なら特急料金、ゆっくりでいいならお買い得価格」という価格立てにしたわけです。

この料金体系に変更した結果、急ぎでない注文に関しては稼働が少ないときに割り当てることができ、工場の負荷を平準化することができました。

強みを見える化したらイッキに受注が倍増

いままではすべての注文に対して納期と価格で最大限に顧客の要望に応えようとしてきたK社は、この経営再建プロジェクトを境に一点集中でいくこととなりました。

「一般的には納期が長くなりがちでロットも大きくなりがちな着色ものを超短納期・超小ロットで提供する」これにこだわることにしたのです。

前述したとおり、他者との「差」を際立たせることに注力したわけです。「戦略とは捨てること」とよく言われたりしますが、他社でもできることは文字通り捨てていき、無理に値段を下げて受注しないようにしました。

これに伴い営業のやり方も変わりました。これまではいわゆる「御用聞き営業」でした。事業のスタンスが「できるだけお客様の要望に応える」という漠然とした方向性であったため、必然的に営業スタイルも「お客様のいうことをきく」という受け身のものになっていたのです。

結果、お客様の要望は多岐にわたり、それらになるべく応えようと、営業マンは常にいくらの見積りにするかで悩んだり、希望納期に応えようと製造部門と戦いながら納期調整をしたりしていました。当然一件の受注を取るための作業ボリュームは非常に大きく、早朝から深夜まで常に仕事に追われているような状態でした。

しかし、K社がアピールすべき「自社の強み」が明確になったいま、営業マンの営業スタイルもガラッと変わりました。

当社の超短納期・超小ロットがいかにお客様の役にたつか、あるいは、他社に発注することがいかにもったいないことか、そういった内容をしっかり相手に伝えるべく、事前にストーリーを練り、わかりやすい資料なども用意し、そのセールスストーリーが響きそうな見込み客をピックアップして順番に攻めていったのです。

結果は予想を上回る成果となりました。価格はそれほど安くなくていいからとにかく急ぐ、という注文が殺到したのです。これまでは毎回のように価格の調整で何度もやり取りしていたのがウソのようです。

この新しいサービスを立ち上げて三か月後には従来の5割増し、半年後には約2倍の受注が入るようになり、また粗利益は約3倍の水準となって、黒字化を達成することができました。

注文の中身はというと、新規受注のきっかけとしては納期の短いものやロットの小さいものが多かったのですが、実はそれほど納期やロットの要求が厳しくない、いわゆる普通の注文も結構入ってきたのです。価格はそれほど安くしていないにも関わらずです。

この理由ですが、顧客の声としてよくあったのが「いつもお世話になっているから」「いつも助けてもらっているから」といったものでした。つまり、急ぎの時に納期で助けてもらっているので、それほど価格が厳しくないものはなるべくK社に出そうというわけです。

実はこういった現象は当社が現在お手伝いしているクライアント企業でもよく起こることです。つまり「特別ビジネス」によって顧客の「困った」を解決することにより、顧客から感謝され、通常対応でいい注文もそれほど安くしなくても発注してくれるというわけです。一点突破で他社との明確な「差」をつければ、顧客の心に刺さり、サプライヤーとして信頼を得られるということになります。まんべんなく、単に「いいこと」をやっていても駄目ということです。

2 今の時代、「特別ビジネス」でないと絶対儲からない！

九割の会社が「間違った差別化」をしている

着色プラスチック袋の超短納期・超小ロットというキラーサービスで差別化に成功したK社ですが、この成功の要因は「他社が勝負していない軸で強みをつくった」という点です。

当時は、着色もののプラスチック袋の差別化要素は圧倒的に「価格」であり、納期に関してはどこも「都度対応」、つまり稼働状況によって早いときもあれば遅いときもあるという状態。また「小ロット」対応を打ち出している会社も皆無でした。

つまり、「競争のポイントをずらした」ということになりますが、ここが「儲かる特別ビジネス」を実現する上で非常に大事な点です。ライバル会社と同じ切り口では戦わないということです。

さきほど、マーケティングを勉強したらビジネスが駄目になる可能性があるとお伝えしたのはこの点にあります。よくあるマーケティングのフレームワークをつかって競合分析をすればするほど「競合と似てしまう」ということが起こってしまうのです。

これを「**差別化の罠**」といいます。差をつけようとすればするほど似てしまうというジレンマです。なぜそういうことになるのか？　それは、競合の強みを分析しているうちに、その会社の「戦い方」に引っ張られるからです。

たとえばマーケティングのフレームワークで「ポジショニングマップ」というものがあります。

これは自社と競合の立ち位置（ポジショニング）を明確にするために、縦軸と横軸の二軸の切り口を決めて、自社や他社をプロット（位置決め）していくものです。

この二軸の切り口は、たとえば「品質」と「価格」といったものです。ここが落とし穴で、この二軸を決めてポジショニングマップ上で自社の立ち位置を考えている時点で、戦い方の切り口が「品質」と「価格」という二軸に限定されてしまうということです。

先ほど申し上げたように、本質的に差別化するためには「他社が勝負していない軸で強みをつくる」必要があります。つまり、他社がプロットされない軸を見つけないといけないのです。

これが、かつての「大きな物語の時代」であれば、「(他社と同じことを) 他社よりうまくやる」ことが求められていたため、こういったフレームワークでよかったのですが、現代の「小さな物語の時代」においては、むしろこういったフレームワークが当てはまらないような考え方をしていかないと、差別化しているつもりが他社と似てしまうということになります。

そして、他社も目をつけていないまったく新しい切り口というのは、なかなかパッと思いつけるようなものではありません。そんな簡単に思いつくようなものであれば他社もすでに考えている可能性が高いからです。

当社のコンサルティングにおいても、他社と完全に差別化する「キラーサービス」の切り口を見出すために二〜三か月かけてさまざまな検討をしていきます。

クライアントの皆さんは同じ業界でずっとやってこられましたから、知らず知らずのうちにその業界特有の常識や慣習に染まっているといいますか、どうしても発想が偏ってしまうものです。

ですから、こちらでさまざまな「考える枠組み」をご提示し、無理やり新しい発想をしていただいています。

本書では第2章以降でいろいろな種類のキラーサービスの切り口を紹介していきますので、ぜひ皆様の発想のヒントにしていただきたいと思います。

特別ビジネスに不可欠な「業務の仕組み化」

さて、超短納期、超小ロットという「超対応」キラーサービスで再生を果たしたK社でしたが、業績向上のカギはこのキラーサービスの「切り口」だけではありません。

もうひとつ、非常に大事なことは、**このキラーサービスを「仕組み」で廻した**ことにあります。

冒頭に、業績に苦しんでいる会社というのはどこも共通して「ある2つのこと」ができておらず、そのひとつは「独自の強みがないこと」であるとお伝えしましたが、もうひとつは「仕組み化ができていないこと」です。

K社の場合も、営業、見積り、受注、製造、配達と、すべての業務プロセスについてゼロベースで見直し、この「超対応」を実現するために最適化したからこそ成り立ったと言えます。

これが、各オペレーションは従来のままで、いきなり超短納期、超小ロットを受け付けたとしたら、当たり前ですが現場は大混乱し、結果的にはパンクしていたことでしょう。

「超」がつくようなイレギュラーな対応も、社内のオペレーションは「通常」、つまり事前に取り決めたやり方で粛々とこなせる体制が必要ということになります。

言うなれば**「外から見たらイレギュラー、中から見たらレギュラー」**という状態になっていないといけないということです。

これはさながら消防署の活動のようなものです。火事というのは一般市民にとっては完全にイレギュラーな出来事です。しかし、消防隊員にとってはどうでしょうか？　彼らにとってみれば火事は完全に想定内の出来事。常に火事が起こったことを想定してあらゆるパターンで訓練を積んでいるため、当然ながら実際の火事が起こった際も慌てずにいつもどおり対応できるのです。

もし彼らが「仕組み」で動かず、各隊員が思い思いの判断で行動したとしたら、当然動きはバラバラでちぐはぐなものとなり、火事の現場で職務をまっとうすることは難しいでしょう。

「仕組み化」でぐうたら社員が生まれ変わった

この「業務を仕組みで廻す」ことがいかに効果的かを身に染みて感じるプロジェクトがありました。

私はK社の経営再建が一段落したあと、そこから味をしめ、他の担当先にもさまざまな「特別ビジネス」構築のお手伝いをして大きな成果を出していました。その功績が認められたこともあり、私はアメリカで立ち上がったばかりの新規プロジェクトに、経営サポート役として参画することを命じられたのでした。

そしてそこはアメリカといってもテキサス州のメキシコとの国境にある町で、私はいきなり100名超のメキシコ人の部下を抱えることになったのです。

事業内容は、廃車などをスクラップにする産業用大型シュレッダーの製造で、メイン工場は大きな鋳物工場でした。ほぼすべての工程が手作業といいますか、体をつかった重労働で、工場内はさながら工事現場という様相でした。

皆さんはメキシコ人労働者と聞いて、どんな印象を持たれるでしょうか？

はい、皆さんのご想像どおり、彼らは決して勤勉とは言えませんでした。まして現場は灼熱の気温と砂まみれの過酷な労働環境です。無断欠勤が非常に多く、出社してきた者もあきれるぐらいだらだらと仕事をしていました。

その現場では、夜中に鉄を流し込む大型の鋳型を日中に一定数仕上げる必要があったのですが、その鋳型をつくるためには複数人の人手が必要でした。

そのため事前に人を割り当てて生産計画を立てるのですが、肝心の社員が何人も当日現れずに計画通り生産できないことが頻繁に起こっていました。そのため、事業計画を大幅に上回る赤字を毎日垂れ流している状態だったのです。

そんな「圧倒的に働かない100人の社員」を前にして私は思いました。「これは社員教育などでなんとかなる話ではない」と。私は直感で「これは彼らに仕組みをつくらせるしかない」と悟ったのです。

そこから私は比較的真面目な何人かの社員にヒアリングして、まず一人のリーダーを任命しました。

彼には労働者がみんなかぶっている青いヘルメットではなく、真っ赤なヘルメットをかぶらせ、彼に「仕組みをつくる役目」を渡したのです。

その赤ヘルの彼と私は、来る日も来る日もオペレーションを観察し、あるべき業務プロセスを考え、それを記録していきました。そして、その取り決めた手順にそって仕事をするように、仕組みとして落とし込んでいったのです。

基本的なルール事はポスターを作って壁に張り出し、製品ごとの製造手順などはマニュアルを作ってすぐに参照できるようにしました。

やるべきこと、守るべきことがマニュアルやポスターによって明確になり、しばらくすると、それをできていない社員に対して別の社員が注意をするというような光景も普通にみられるようになってきました。

そして、あるとき一人の労働者が私に言ってきたのです。

「俺も赤ヘルをかぶらせてくれ」

狙いどおりでした。私は、これまでに彼らに決定的に不足していた「向上心」や「出世欲」に火をつけたかったのです。

私はすかさず「赤ヘル十箇条」なるポスターを作らせて壁に張り出させました。そこには平社員が赤ヘル、つまりリーダーになるために必要となる「基準」を明示したのです。

その後、続出しだした「赤ヘルにしてくれ！」と言ってくる社員たちに、彼らに何が欠けているのかを、来る日も来る日もその十箇条を示しながら伝えていきました。

そうこうしているうちに、現場に大きな変化が起こりました。かつて非常にだらだらとやる気なく働いていた労働者たちが、日々結果を出すことに注力しだしたのです。

もちろん、赤ヘルになりたいという動機もあったでしょう。しかし、やっているうちに、皆で協力して「仕組みを回す」、あるいは「仕組みを改善する」ということに意識を向けるようになったのでした。

これが「仕組み化」の威力です。それまでは一人ひとりが「自分だけの閉じた仕事」をやっていたのですが、仕組み化により「みんなで取り組むべきもの」がカタチとなって目の前に現れたのです。そしてそれを仲間と協力して達成するという醍醐味を味わえるようになったわけです。

それはまるで「学園祭の出し物」に取り組んでいるようでした。皆さんの中にも、学生時代に学園祭でクラスの出し物を成功させるために、だれにも頼まれていないのに自発的に遅くまで学校に残って頑張った経験がある方もいらっしゃるのではないでしょうか。あの状況が彼らにも起こったのです。

かつて呆れるほどにだらだらと無気力に会社に来ていた彼らが、まるでアスリート集団のようにテキパキと仕事をするようになりました。誰もがその日の目標を達成することを念頭におき、自分たちのやるべきことに全力を尽くすまでに成長したのです。

赤ヘルを任命し、仕組みづくりに着手してから約1年後には、生産性は5割アップし、生産高は事業計画の数字を超えるまでになりました。

「独自の強み」×「仕組み化」が強い事業をつくる

商社時代に複数の会社の経営再建や業績改善に携わった経験、そして怠慢だったメキシコ人労働者をアスリート集団に変身させた仕組み化の威力を思い知った経験から、私は「独自の強み」×「仕組み化」が企業を強くするための最高の手法であると確信をもつに至りました。そして、この手法を使って将来は広く日本の中小企業の経営発展をお手伝いしたいと思うようになりました。

そこで私は最後の修行をしようということで、この「独自の強みを仕組みで廻す」手法を使って成功している企業を探したところ、金型やＦＡの標準部品販売で急成長しているミスミという会社にいきあたりました。

同社は高品質部品を1個から、しかも受注生産の都度加工品にも関わらず1日～3日出荷という超小ロット超短納期を実現している会社でした。しかも面接時の話では「ここまでやるか」というまでに事業戦略とオペレーションの仕組み化を突き詰めているという。私はここでなら中小企業が強くなる真髄を体得できると考えました。先方も私の現場経験を買ってくれて、社長による初回面接で入社が決まりました。渡米して6年後、３５歳の時でした。

ミスミに入社してまもなく、私は同社が初めて進出するインド事業の責任者として立ち上げ準備をまかされました。当時急速に伸びていたインド市場をライバルに先んじて押さえるべく、最速スピードでの事業開始を会社から求められ、強いプレッシャーの中でのプロジェクト立ち上げとなりました。

私が上程したインド市場参入戦略の決裁が降りるや否や、私はすぐにインドに赴任しました。そして事務所を借り、人を雇い、現地版のカタログを発刊するなどして、赴任後半年で事業開始にこぎつけたのでした。

最初は営業マン4名でのスタートでした。営業マンといっても元はエンジニアばかりで、ものを売った経験はほとんどない者ばかりでした。当時のインドでは営業という職種はまだまだマイナーで、営業経験者を雇うことは難しかったのです。

しかし、彼らが営業に関して素人集団だったことが、結果的には功を奏しました。こちらとしても彼らに「好きに売ってこい」というわけにはいきませんから、見込み客を買う気にさせるための「セールスストーリー」をこちらでしっかりと考えて、彼らに授けました。

この「セールスストーリー」というのは第6章で詳しく後述しますが、営業マンが語るセールストークのベースとなるもので、簡単に言えば「なぜそのトークを語るのか」という理由や背景を説明したものです。

よく営業マンにトークスクリプトを暗記させ、実際のセールス場面でそれを話させようとする営業責任者がいますが、営業マンは九官鳥ではありませんから、そんなセールストークを丸暗記させても機能するはずがありません。

トークそのものを覚えさせるのではなく、「なぜそれを語るべきか」という「考え方」を腹落ちさせる必要があるのです。つまり、セールストークが戦術だとしたら、セールスストーリーは戦略にあたるものとなります。

そして、彼ら「にわか営業マン」は素人であるがゆえに我流に走らず、この「セールスストーリー」をしっかり理解し、それにそったセールスを愚直に実践していったのでした。

その結果、立ち上げ初年度は、まったくのゼロからの市場開拓ながら、自動車メーカーや大手金型屋らと順調に取引を開始でき、合格点と言える結果を残すことができました。

市場価格の3倍でも飛ぶように売れた理由

初年度は高品質な部品を必要とする大手ユーザーに対して「現地で買える利便性」を訴求して受注を得ることができましたが、問題はここからです。そのような「高品質部品を求めるユーザー」は少数に限られ、残る大多数の地場のユーザーはそのような高品質部品はまったく求めていませんでした。

実際、そういった地場のユーザーは部品に関しても地場の安い部品を使っており、価格は我々の価格の半額からときに3分の1と非常に安く、こちらが見積りを出すと毎回驚かれるといった始末でした。

しかも、当時は我々の部品は日本やタイからの輸入品でしたから、納期も非常に長く、「超短納期で一個から出荷」というミスミモデルをまったく訴求できないという状況でした。価格や納期がお話しにならず、「やたら高い」という評判が先行することとなり、我々の販売は二年目にして早くも頭打ちすることとなりました。どんなに営業をかけたところで、あまりの価格差に失注が続く。そんな毎日の連続で、私の頭の中では早くも「撤退」の文字がよぎったのでした。

そんなある日のことです。営業マンの1人が泣きながらオフィスに帰ってきました。なんでも、営業をかけていた見込み客の社長に「もうミスミなんて辞めた方がいいよ。こんな高い部品売れっこないよ。インドの金型にこんな高品質な部品は必要ないんだから…」そんなふうに親身に声をかけられて、それで情けなくなって涙が出てきたということでした。そして彼自身、私に向かって言いました。「インドの金型はレベルが低いから、うちの部品なんか必要ないんですよ！」と。

「これはいける！」

私は彼の涙ながらの訴えを聞いて、ある「特別対応」のアイデアを思いついたのです。何をやったかは本書の後半でお伝えしますが、これをきっかけに市場価格の2倍〜3倍も高い我々の部品がどんどん売れるようになりました。業績数値はお伝えできませんが、2年目、3年目と売上は毎年倍々に伸びていき、顧客ゼロからスタートして一時は撤退も考えた新規事業は4年目には売上、顧客数ともに桁違いの成長を遂げました。

インド事業が軌道に乗ると、今度は米国のライバル会社のM＆A案件を統括したり、買収後はその会社の代表を務めたり、その後は欧州市場の参入戦略を指導したりと、様々なプロジェクトに投入されることとなりました。戦略立案からオペレーションの仕組み構築、営業部隊の指揮まで、事業すべての流れを統括できる人間は、当時はミスミ社内でもあまりいなかったのです。

言ってみれば、ミスミでの社内コンサルタントのような立場でいろんな案件を支援するような状態となったわけですが、大阪でK社の経営再建をご支援したときから抱いていた、中小企業の経営を応援したいという思いが、このときにはもう抑えられなくなっていました。「したい」というより「せねばならない」の方が正確でした。

というのも、ちょっと切り口を変えて他社がやっていないイレギュラー対応を打ち出し、それをちゃんと仕組みで回せば、中小企業の経営は劇的によくなるという確信があったからです。これを知らないのは非常にもったいない。そんな思いでコンサルタントとして独立することとなりました。

いまやっているビジネスでも必ず生み出せる！

コンサルタントとして独立して以来、実にさまざまな業種業態の企業の強みづくりのご支援をしてきましたが、クライアントからよく言われることは、「社内の仕組み化や営業のやり方などを指導してくれるコンサルタントはたくさんいるけれど、事業コンセプトそのものをつくり変えるお手伝いをしてくれる先生はほかにはいない」ということです。

ここが時代の変化を表していると思います。かつての「大きな物語の時代」には、新商品を開発したり、営業やマーケティングなどの「売り方」を最適化すれば、一定の売上増は見込めましたし、製造業であればカイゼンや5Sに取り組むことによって競争力を上げることができました。しかし、いまやそういった「部分最適化」では企業は生き残れなくなっています。

ものづくり大国ニッポンが誇る超優良メーカーであるトヨタ自動車、そしてパナソニックもそれぞれ「モビリティ・サービスカンパニー」、「くらしアップデート業」への転換を標榜しているように、いい商品を効率よく作って届けるだけでは付加価値が生み出せなくなっているのです。他社がやっていない「特別ビジネス」を打ち出していかなければ選ばれない時代を迎えたということです。

ここで、強調してお伝えしたいことは、どんなビジネスでもこの「特別ビジネス」は必ず展開することが可能だということです。

現に、これまでのクライアント企業の経営者もコンサルティングがはじまる前は「うちの業界は古い業界ですし、みんな同じことやっていますから、そんな変わったサービスなんてつくれないですよ」というように言われる方が多かったのですが、いざ検討を重ねていくと、これまではまったく見逃していたユニークな切り口が必ずでてきます。

もちろん、簡単にパッと思いつくようなものではありません。そんな簡単なことならすでにライバル会社も同様のアイデアを思いついていることでしょう。

なぜ簡単ではないか？　それはやはり、人はどうしても偏った見方で物事を解釈してしまうからです。

・うちの業界ではいまのやり方しか考えられない…
・お客様は満足しているし、隠れた困りごとなんてあるように思えない…
・結局はなにをやっても顧客は安い価格を求めてくる…
・いまの社内体制では新しいサービスなど導入する余裕がない…

こういった思い込みが新しい発想を阻害するのです。

人は知らず知らずのうちに自分の都合のいい眼鏡をかけて、ありもしない「常識」に縛られていきます。だからこそ、自分のものの見方、捉え方を積極的に疑ってかかることが重要です。

自社の取り巻く環境を俯瞰し、前から後ろから、上から下からといろんな角度から捉えなおしてみると、いままで気づかなかった事業の打開策は必ず見えてきます。

それはまるで、いままでまったく相手にされていなかったシンデレラがガラスの靴を履いたことで美しく変身したように、まだ誰も目を向けていないが、光を当てれば大きく儲かる領域というのはどこの会社にでもあります。

現に当社の下でもそんな**「手つかずのシンデレラゾーン」**を取り込んで事業を飛躍させている企業が数多く生まれています。

これから、実際の事例も交えながら「儲かる特別ビジネス」の具体展開方法をご説明していきますので、ぜひ自社の状況に照らしながら読み進めてみてください。必ずや貴社が飛躍するためのヒントが見つかると思います。

第2章

圧倒的に選ばれるための「キラーサービス」設定の原理原則

1 事業で失敗する最大の原因は何か？

儲かるビジネスモデルとはどのようなものか？

さて、これから「儲かる特別ビジネス」を構築する手順についてお伝えしていきますが、その前に、儲かる事業をつくるために、まずはじめて考えなければいけない「大前提」についてお話ししたいと思います。

儲かる事業をつくるための大前提とは何か…。それは、その事業が「儲かるビジネスモデルになっているか？」ということです。

そんなの当たり前じゃないか！　とおっしゃるかも知れません。しかし、この「儲かるビジネスモデルをつくる」という発想をほとんどの経営者が意識していないというのが実態です。

これは、「ビジネスモデルという言葉が漠然としすぎている」ことに原因があります。一般的にはビジネスモデルというのは「利益を出すための仕組み」「儲けるための仕組み」というように解釈されていると思います。しかし、このような理解では、儲けるためにどんな仕組みをつくったらいいのかイメージがわかず、経営者が「儲かるビジネスモデルをつくろう」という意識を持ちづらいのです。

その結果、なかなか利益が出ない事業をなんとかしようとして、経営者が営業マンに「もっと新規を取れ！」と発破をかけたり、突然「5Sをやろう！」と言い出したりと、ちぐはぐな施策が打ち出されることになるわけです。

では、「儲かるビジネスモデル」とはどのようなものを言うのか。シンプルな言葉で表現すると、それは**「自社独自の強みを体現する仕組み」**ということになります。

前章でお伝えしたとおり、利益を生む源泉は他社との「差」です。差があることが価値となるのです。

したがって、他社ではできない「自社独自の強み」をお客様に届ける仕組みを構築すれば、それが「儲かるビジネスモデル」として機能することになります。

この「独自の強み・ウリ」のことをマーケティング用語でUSP（ユニーク・セリング・プロポジション）といいます。

このUSPの代表例としてよく挙げられるのが、ドミノピザの「ホットでフレッシュなピザを30分以内にお届けします。もし、30分以上かかったら、ピザの料金はいただきません」というものです。

これはいまでは何も珍しいことではありませんが、打ち出した当時はまさにキラーサービスと呼ぶべき、非常にインパクトのあるものであったことでしょう。

しかしながら、昨今のマーケティング業界では、このドミノピザの例のように自社の商品やサービスを数字入りでわかりやすく表現するキャッチコピーのことをＵＳＰだと説明していることが多く、本質をはずした理解となってしまっています。

ＵＳＰ（独自の強み・ウリ）とは、言い換えると**「他社とは一線を画す、自社ならではの提案」**のことを言います。

「自社ならでは」ということですから、ドミノピザの例でいうと、もし他社も同じように30分の配達保証をしているとしたら、それはＵＳＰでもなんでもないということです。

また、聞いたらすぐに真似できるようなことであれば、それもＵＳＰとはなりません。ちょっとやそっとでは真似できないものでなければ、やはり単なる気の利いたキャッチコピーとなってしまうのです。

そして「提案」である点も非常に重要なポイントです。よく企業のホームページに「私たちの強み」という欄がありますが、そこで書かれていることは、「品質」だったり「設備」だったり、あるいは「長年の実績」だったりということが非常に多く、お客様に対する「提案」になっていないのです。

お客様が聞きたいことは「それで私たちにいったい何をしてくれるんですか？」「いったい何が得なんですか？」ということです。品質や設備、技術や経験などを生かして、「私たちは皆さんに対してこういうことができますよ」という提案になっていないと、お客様にとっては意味がなく、単なる自慢話になってしまうということになります。

ほとんどの企業が間違った努力をしている

このＵＳＰが確立されないままに、営業を強化したり、マーケティングに費用をかけたり、業務プロセスを仕組み化したりといったことをいくらがんばってみても、強い事業をつくることにはつながりません。**「まず全体があって、そして部分（個）の世界が振り分けられる」**という現代思想の考え方がありますが、これはまさにビジネスにおいても言えることで、開発、製造、営業、マーケティングといった「部分」だけを最適化したところで、「全体」、つまり事業そのものは一向に強くならないのです。

次のページの図をご覧ください。当社でよくご説明に使う、**「ビジネスモデルをつくる手順」**を示したものです。「ビジネスを全体で考える」ということを理解していただくために、当社が考案した図です。

この図の中の矢印が示しているとおり、ビジネスモデルをつくる際には、この三角形の「上から」考えていく必要があります。

【ビジネスモデルをつくる手順】

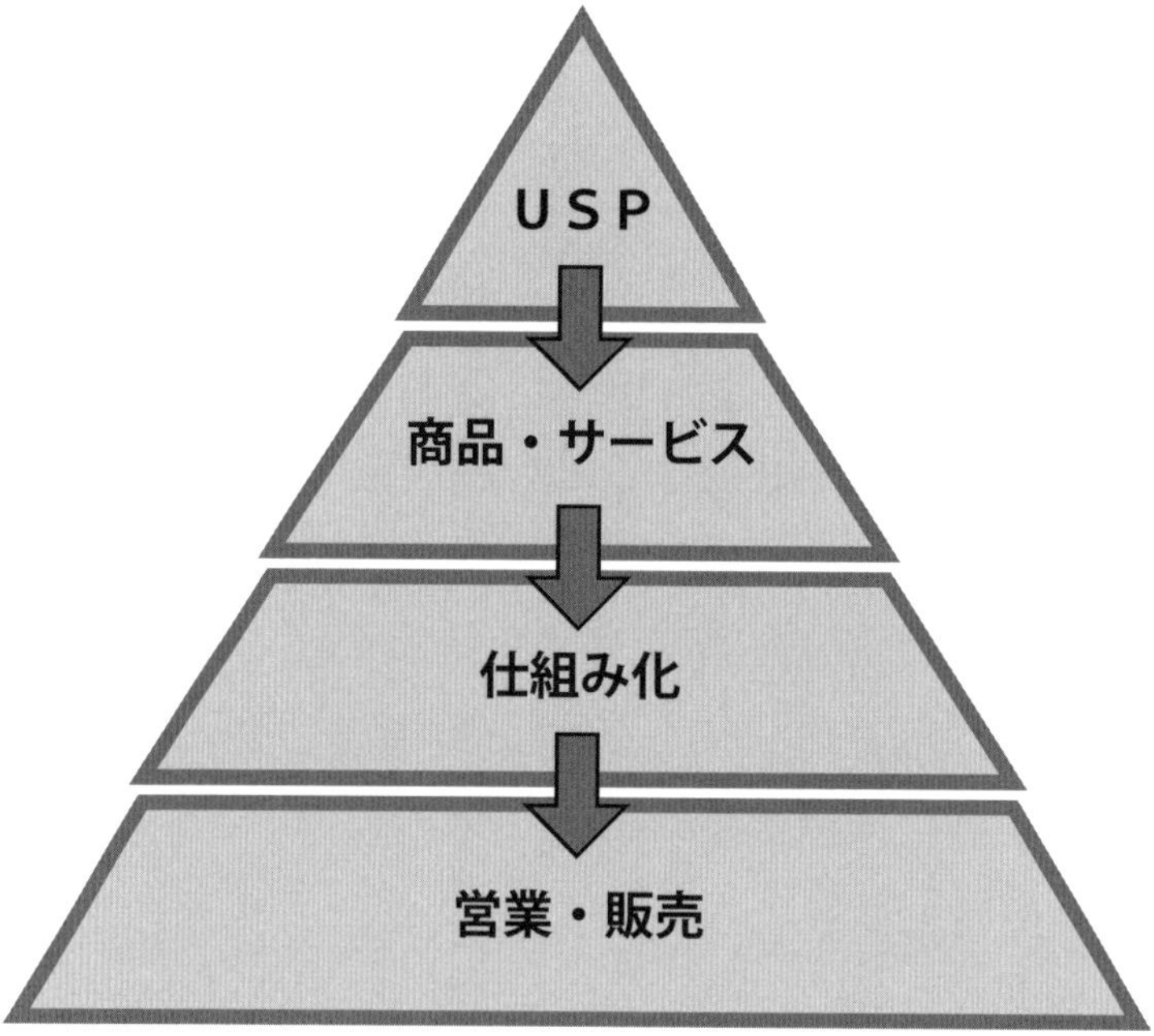

つまり、ＵＳＰのない商品やサービスをつくったとしたら、それが非常にいいものだとしても他社と明確な違いはないわけですから、最終的には売るのに困ることになります。また、そういったＵＳＰの効いていないありきたりな商品・サービスを生み出すための仕組みをいくら頑張って整えたところで、事業としては他社を凌駕する強みを構築することはできません。

このように、ビジネスモデルは「上から」考えていかなければ、結局販売するときに「値下げ」に頼るしかなくなるという苦しい構図になってしまうのです。

コンサルタントを雇っても結果が出ない理由

この順番を考えずに、「売上が下がってきたから営業を強化しよう」ということで、営業マンの訪問回数を厳しく管理したり、商談のロープレを繰り返したり、あるいは「マーケティングに手を入れよう」と考えて、広告の媒体やキャッチコピーを見直したりと、「売り方」の強化に目を向ける経営者も非常に多いですが、この三角形の最後のところだけを「部分最適化」したところで大した効果は生まれません。

これが、世の中に数多いる営業コンサルタントに仕事を依頼してもなかなか思うような成果がでない理由でもあります。

化学製品の卸売業であるS社のS社長も、当社にご相談に来られる前に一度、営業コンサルタントに依頼された経験があるとのことでした。

「最初は成果が出たんだけどなあー」

と、その営業コンサルタントに依頼された当時を振り返っておっしゃっていたのですが、このS社長の言葉どおり、営業の専門家に依頼して営業のやり方を変えたところで、成果が頭打ちすることが非常に多いというのが実態です。

こうなる理由は簡単です。営業コンサルタントをやっている方の多くは、元々大手企業や保険会社の営業マンとして活躍していた方です。彼らは、営業としての動き方やわかりやすく説得力のあるトークをつくることの指導には長けていますが、事業コンセプトの考案や商品・サービスの企画といった、先ほどの三角形の上位の部分を担った経験がある方は当然ながら少なく、結果的に指導がどうしても「部分最適化」となってしまうのです。

ですから、最初のうちは営業マンの活動が効率化されたり、セールストークがこなれてきたり、営業訪問時に持参するツールが揃ってきたりして、いままで取りこぼしていた分の底上げにつながるのですが、どこかの時点で**「そのビジネスモデルなりの売上」**に落ち着いてしまうのです。

これは第6章で詳しくお伝えしますが、営業で業界水準をはるかに超えるような桁違いの結果を出そうと思ったら、巷のセールス指導で伝えられているような「信頼性（ラポール）の構築」とか、「傾聴によるニーズ把握」とか、「応酬話法」とか、「反論処理」といったセールスの手法をいくら身につけたところで意味がありません。セールスというのはそういうものではないのです。

本書のサブタイトルにもつけている「利益三倍化」といった常識外の結果を求めるならば、なおさらそういったうわべのテクニックに頼る発想は捨てなければなりません。もっと大元から、つまりビジネスモデルの三角形の上位から発想を変えていく必要があります。

コストダウンをすればするほど儲からない!?

製造業であれば「カイゼン」と言われるようなオペレーションの効率化に取り組まれた会社も少なくないと思います。この分野も具体的手法を指導する「先生」はたくさんいらっしゃいます。

しかし、これも先ほどの営業強化の例と同じく「部分最適化」の最たるものです。

実際、過去に当社にご相談に来られた経営者の中で、

「とりあえずカイゼンの先生には来ていただいているのですが…」

と浮かない表情でおっしゃった方も複数いらっしゃいます。カイゼンや5Sなどに取り組んで工場内のムダはそぎ落とされたが、それでも業績は良くならないというわけです。

もちろん、カイゼンや5Sといった活動自体が悪いことではありません。しかしながら、製造業だから当然それらをやるべきだと経営者が考えているとしたら、それは少々短絡的だと言わざるを得ません。

ここで考えるべき点は、「そのカイゼンや5Sの取り組みが、事業を成功させるための戦略的な打ち手となるのか？」ということになります。

はやい話が**「それをやって勝てるか？」**ということです。

これは簡単な話です。たとえばある人が会社を辞めて起業しようと計画しているとします。もしその方がこんなことを言っていたらどうでしょうか。

「起業で成功するために、いまマーケティングを学んでいます。コピーライティングも学んでいます。数字にも強くないといけないので、財務や簿記も勉強しています。もちろんそれだけではありません。人脈作りにも着手しています。それから…」

もういいですよね。こんなことを言われても、「で、なにで起業するの？」と聞きたくなります。その起業のネタといいますか、事業内容そのものがまずければ、当然ながら起業準備として何を学ぼうともまったく意味がありません。

極端な話が、製造業だからカイゼンをやろうというのは、本質的にはこれと変わらないということです。

「そんなことを言っても、価格競争が厳しいんだからコストを下げないとしょうがないでしょう」と言いたくなる社長も多いと思います。

しかしながら、そもそも**「コストを下げる」ということが打ち手の最優先事項となっている時点で、その事業は「筋が悪い」**と言わざるを得ません。

ライバル会社と価格で競り合ったところで、結局はどちらも儲からなくなって終わるだけです。単価を下げて量を取りに行って売上を上げるという発想では、本質的には豊かになっていかないのです。

その打ち手に「目的」はあるか

一番駄目なケースは「とりあえずカイゼン…」との言葉が示しているとおり、社長として事業を上向きにする戦略が立てられず、「とりあえず何かやらないといけない」ということでカイゼンや5S活動を立ち上げるパターンです。

これなどは、典型的な「目的不在」です。そういうと「いや、目的はある。少なくとも工場の効率は良くなるのだから…」との言い分も出てきそうですが、こういった戦術レベルの部分最適化の発想では事業は決してうまくいきません。

非常に大事なことですので繰り返しますが、見込み客に他の会社ではなく御社から買いたいと思わせるには、「自社ならではの特別な提案」が必要です。それがなく、やっていることが基本的には他社と同じだということになれば、事業が徐々にジリ貧になっていくことは当然のことです。

そして、その提案を実現するために、カイゼンや5Sが必要になるのであれば、大いにやればいいのです。この場合はちゃんと目的と手段が一致しています。戦略になっていきます。

第1章で「業務の仕組み化」の重要性をお伝えしましたが、これも同じことで、ただ効率性をもとめて仕組み化に着手したのでは、これは戦術レベルの話です。そうではなく、他社がやっていない特別なサービスを仕組みで回すから戦略上の競争力が出るのです。

カイゼンだろうが、5Sだろうが、仕組み化だろうが、それが日常のオペレーションを効率化するというものなら、それは日常業務の範囲内です。工場長や部長に任せておけばいい話です。

社長が考えるべきことは、「何をすればうちは勝てるか」、ただそれだけです。大局観を持ち、勝ち戦になるための作戦を考えるのです。戦術を考えるのはそれからです。

この順番は絶対です。戦略なき打ち手などやっても意味がありません。社員が仕事をやった気になるだけです。それで戦に負けては元も子もありません。

社員の頑張りを勝ち戦につなげるためにも、社長はUSPの効いた「御社ならではの勝てる事業コンセプト」の構築に知恵をしぼっていきましょう。

2 キラーサービスをもつことこそ最強の差別化手法

どんな商品やサービスをもてばいいのか?

さて、業界で埋もれることなく常識を超える結果を出すためには、まずは出発点としてＵＳＰを明確にするという意識が重要であるとお伝えしてきました。では、先ほどの三角形の二段目である「商品・サービス」についてはどのような考え方を持てばいいのでしょうか。

まずおさえておくべき考え方としては、「商品・サービスはＵＳＰを実現するための手段にすぎない」ということです。この点が腑に落ちていないと「お客様のために」と考えて「いい商品・サービス」をつくってしまうことになります。

しかし、そのような「いい商品・サービス」は非常に高い確率で世の中にもうすでに存在しますから、せっかくいいものを提供しようとしているのに、類似品に埋もれてしまってお客様には届かないというジレンマに陥ることとなります。

ひと昔前であれば、ここまで独自性を際立たせることに気を使わなくてもビジネスは成立していました。その理由は前述のとおり、過去が「大きな物語の時代」であり、世の中のニーズが単一的であったことが大きいのですが、他の理由としては、かつては「仕入れ先や購入先を探すこともそれなりに大変だった」ということも挙げられます。

現状の仕入れ先・購入先に対して少々不満を持っていたとしても、代わりのところを探すにもツテがなかったり、また見つけられたとしても距離が離れていて不便だったりして、なかなかすぐに他社に切り替えるということにはハードルがあったわけです。

しかしながら、いまやインターネットによる情報化が進み、仕入れ先・購入先をネット上ですぐに検索して見つけることが可能になりました。さらに、通販の利便性向上や物流網の発達により、いまや購買先を地元から選ぶ必要性も低くなりましたから、購入を他社に切り替えるということも相対的に容易にできるようになりました。

このような時代の変化の影響を思いっきりモロに受けた業界が書店業界や印刷業界でしょう。アマゾンやプリントパックなどのネット業者の台頭により、「地元地域での立地の良さや知名度」といった強みが効かなくなってしまいました。もはや近所や駅前にあることが必ずしもアドバンテージではなくなったということです。

そしてこれは、いまやどのような業界にも当てはまることです。どこで買ってもいいようなものはサクッとネットで注文、そしてこだわりのものを買ったり体験する場合には遠くにでも出向く…。そういう傾向が顕著になりつつあるいま、「地域一番店」であることは強みたり得ないということです。

もちろんこれはいいことでもあります。自社の商品・サービスが世の中にない際立ったものであれば、たとえ自社がへんぴなところにあったとしても、あるいは会社のネームバリューがまだなくても、ウェブ上で全国に拡散していく可能性も大いにあるのです。

とにかく、情報化、ＩＴ化により業界や地域の壁が取り払われ、ある意味「なんでもあり」の様相を呈しつつ現代においては、これまでの常識を捨て去り、自社ならではの「とんがり」をつくっていかなければ、せっかくのビジネス機会を失っていくことになります。

ｉＰｈｏｎｅですら簡単に真似される

さて、これまで「ＵＳＰの効いた商品・サービスをもつべき」ということをずっとお伝えしてきましたが、では商品かサービスかどちらに目を向けるべきでしょうか？

当社はキラーサービス研究所というぐらいですから明らかに「サービス推し」なわけですが、当社では**「商品による差別化は忘れた方がいい」**と常々はっきり申し上げています。

そんな極端な！　と思われるかもしれませんが、実際、商品でＵＳＰを築こうというのは非常に筋の悪い戦略なのです。

なぜ商品による差別化はやめた方がいいのか、これから順を追ってご説明します。

まずはじめに「ヒット商品がでる確率が低過ぎる」ということです。

昔から新商品が当たる確率は「千三つ（せんみつ）」と言われていました。つまり千個商品を開発したら三つしかヒットしないということですが、いまやその確率すら確保するのは難しいのではないでしょうか。

いまやモノが溢れ、ひと通りのものはみんなすでに持っています。新しく必要なものなどほとんどありません。よほど目新しくて斬新なものでないと売れない時代です。

過去の「大きな物語の時代」であれば、それこそ「白物家電三種の神器」のように、誰しもが欲しいと思うものがたくさんありました。「いつかはクラウン」なんていうキャッチコピーもありましたね。

でもいまや、みんなが「いつかはあれが欲しい！」なんていうものは本当になくなってしまいました。いまやすべての商品が「ニッチ化」していると言っても過言ではありません。

そして、苦労して世に出した商品は、すぐに競合に真似されることとなります。商品というのは当然ながら物体としてのモノがありますから、ライバル会社もそれを手に入れて分析することが容易にできてしまうのです。

もちろん、新しい技術などは特許で守られる場合もありますが、完全に特許で守りきることが難しいということは皆さんもよくご存知だと思います。そうでなければ世の中のスマホはすべてｉＰｈｏｎｅであるはずですが、実際は台数ベースではアンドロイド携帯の方がはるかに上回っています。

また、商品が売れる寿命、いわいる商品ライフサイクルもどんどん短くなっています。次から次へと新しいものが出ては廃れの繰り返し…。そして、ライフサイクルの終盤には価格も値崩れしていきます。

せっかく開発費と時間をかけて開発した新商品が、あっという間に真似され、飽きられ、値崩れしていく…。いまの時代、商品開発費の元を取れている企業は非常に少ないと言われています。

資金や人的リソースが豊富な大企業なら「どれか当たってくれれば…」といった勝負の仕方もできるかもしれませんが、中小企業にそのような余裕はありません。いまや商品を開発して市場で抜きんでるという戦略オプションは、非常にコスパが悪い選択となっているということです。

サービスによる差別化が鉄板である理由

では、サービスの方はどうでしょうか。たとえばわかりやすい例で「超特急対応」といった短納期サービスを想定してみましょう。

短納期で届けるためには、受注〜製造〜配送という一連の流れを、短納期を実現するために最適化していくことになりますが、この体制は当然ながら商品が変わっても生かせます。

わかりやすい例がアマゾンです。アマゾンの「商品を一瞬で検索できて、ワンクリックで注文できて、明日には届く」というプラットフォームは、商品の中身に関係なく機能しますから、商品のライフサイクルが短いからといってアマゾンは打撃をこうむることはなく、むしろそれは彼らにとって好都合でさえあります。

また、こういったサービスは商品と違って無形のものですから、他社が真似しようと思っても一朝一夕でできることではありません。

たとえば、東京に法事専門の仕出し料理・ケータリングサービスをやっている「旬菜亭」という会社があります。ここは通夜などの現場で料理が足りないというときに、追加注文をさっと20分で調理して超スピード対応で届けるサービスを展開しています。

この対応のおかげで依頼者は事前に多めに注文をする必要がなく、非常にリーズナブルに仕出しを頼めるということで大変な人気を博しているのですが、いざ他社が真似しようとしても、それは簡単ではないはずです。

常に安定して20分以内に調理を完了させて、ちゃんとお客様のところにお届けするためには、際限まで効率化されたオペレーションを構築する必要がありますが、商品と違ってそういったオペレーションの仕組みは当然ながら他社には公開されていませんから、どうやってそれを実現させているのかはわかりません。

ですから、真似をしようと思ったら自分たちで一からオペレーションを考え、試行錯誤しながら実践を通して構築していくしかありませんし、それには当然、膨大な時間がかかります。

そして、ようやく追いつけたと思ったころには、手本としていた会社のサービスレベルは当然その先を行っているはずですので、先行者に追いつくのは至難の業といえます。

また、こういったサービスを実現するためには、当然のことながら社員が連携して動かなければなりませんから、必然的に組織力が強化されていくことになります。

そしてこれは、個々の社員のモチベーション向上にもつながります。これは前章でメキシコ人労働者たちが変身していった例でもご紹介しましたが、一見実現するハードルが高そうなオペレーションを仕組み化し、それを社員が連携して組織力で乗り越えようとするとき、社員間の中でひとつの目標を共有している連帯感、そしてそれを実現した時の達成感というものは非常に大きくなります。

このような、やる気の高い社員たちが組織力で実現していくサービスというものは、ライバル会社がちょっとやそっとで真似できるものではなく、非常に強力な差別化要素が築き上げられることにつながっていくのです。

まとめるとこのようになります。

●商品による差別化が難しい理由

・千三つ（せんみつ）以下の低いヒット率
・モノがあるため真似されやすい
・ライフサイクルが短く、すぐに廃れる
・価格が崩れる

●サービスによる差別化が有効な理由

・商品が変わっても使える
・真似しにくい
・組織力強化につながる
・社員のモチベーションが上がる

このように、リターンが少なくコスパの悪い商品開発に比べて、サービスによる差別化は長期的に事業を強くする効果があります。ここに着目しない理由はどこにもありません。

すべての企業はサービス業

ここで念のために補足しておきますが、お伝えしていることは「製造業などよりもサービス業の方が有利」といったことではまったくないということです。

当社ではつねづね、

「すべての企業はサービス業である」

とお伝えしています。製造業であれ、建設業であれ、卸売り業であれ、小売業であれ、どんな業種・業態であろうと、企業はお客様にベネフィット（便益）を提供するサービス業なのです。

自社はサービス業であることの意識を持ち、ＵＳＰの効いたキラーサービスの打ち出しに目を向けていかないと、事業の収益性は伸び悩んでいくこととなります。

特に製造業の会社については、

「うちはものづくりの会社だ」という強い思い込みを持っている経営者もいまだ多いですが、この「ものづくりに対するこだわり」が実は事業を駄目にしているということがあります。

次のページの図は「スマイルカーブ」とよばれるものです。

これは、バリューチェーンと言われる、商売上で価値を生み出していく流れの中で、どの部分に付加価値があるかを示したものです。横軸がバリューチェーン、縦軸が付加価値となっています。

ご覧のとおり、バリューチェーン（横軸）の真ん中に位置する「製造・組立」の付加価値が最も低く、川上の「企画・研究・開発」と川下の「販売・アフターサービス」で付加

【スマイルカーブ】

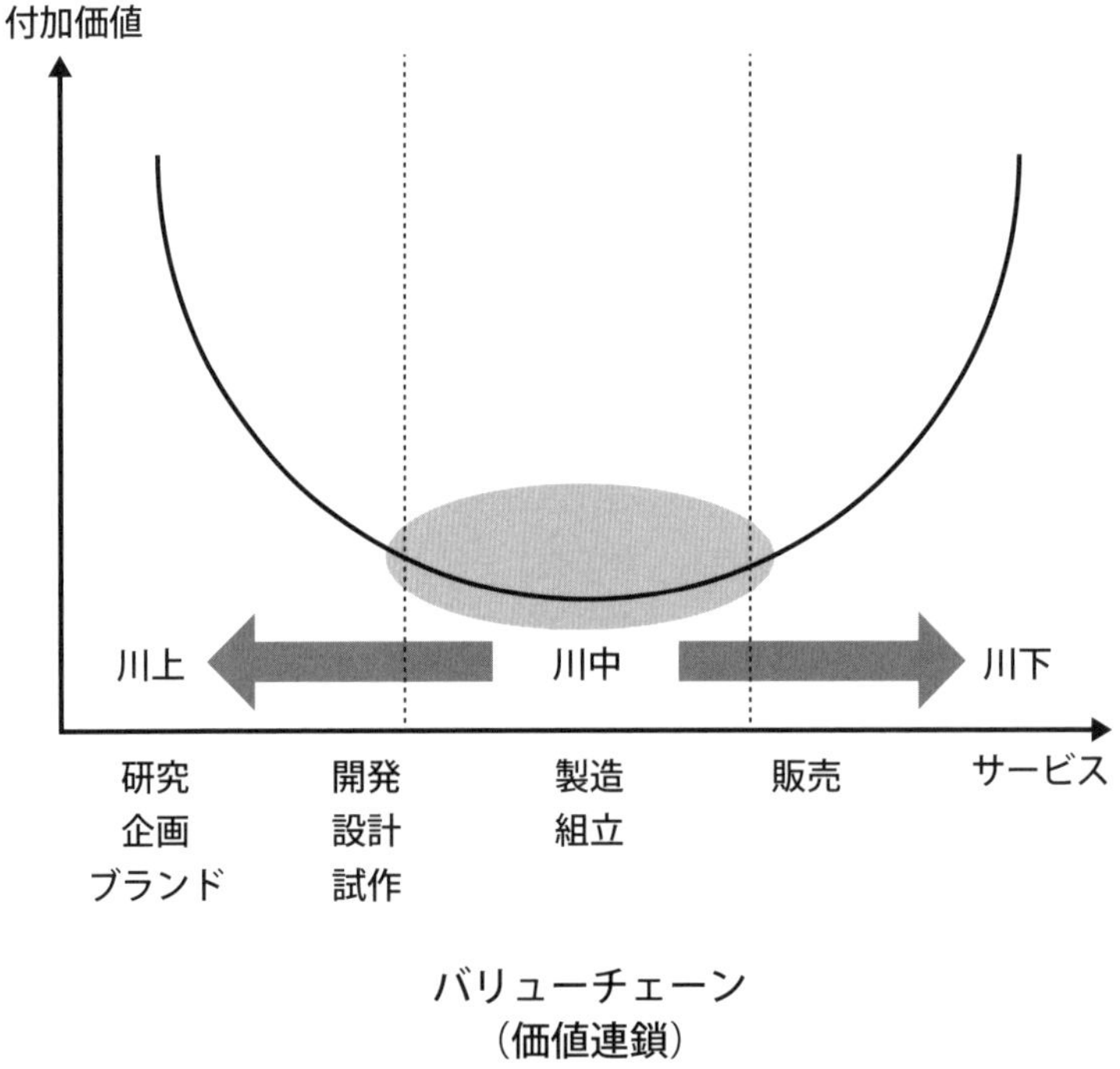

価値が高くなっています。

これはもともとパソコン事業や半導体などの電子産業での状況を説明したものだったのですが、いまやすべての産業においてこのカーブが当てはまる状況となっています。

かつての時代は、川中にあたる「製造・組立」が、付加価値を生み出す「逆スマイルカーブ」でした。

しかし、グローバル化や自動化が進んだことにより製造技術が世界で均一化されたことや、製造する品目自体も標準化やモジュール化が進んだこと、さらには「モノからコトへ」「ハードからソフトへ」などと言われるように、世の中で価値とされるものが、有形から無形のものにシフトしたことなどにも起因して、この「製造・組立」の付加価値が相対的に下がってしまったのです。

つまり、いまの時代に「うちはものづくりの会社だ」と言って、この川中の部分だけにこだわるということは、いわば「うちの会社は儲かりません！」と言っているようなものなのです。

誤解しないでいただきたいのですが、これは「ものをつくってはいけない」と申し上げているのでは決してありません。

そうではなく、製造というのは事業として価値を生むための一つの手段に過ぎないということなのです。

自分たちは何屋か？

これまで数多くの中小企業の事業革新をご支援する中で非常にもったいないとよく思うことがあります。それは、

「自社の事業の定義を非常に狭く考えている」

ということです。

例えば、「うちはギア部品の穴加工の下請けをやっている会社だ」とか、「うちは燃料を法人向けに販売する会社だ」というように、多くの経営者が自社事業を表層的に定義づけしてしまっているのです。

このように事業の定義を狭く固定化してしまうことは経営上非常に危険です。なぜなら、「需要は何かの要因で突然激減する」ということがどんな業界においても起こりうるから

です。

たとえば、クールビズや働き方改革によってスーツやネクタイの需要は激減しました。また、日本が市場を席捲したガラケーもスマホの登場で一気に市場撤退を余儀なくされました。最近の例では、海洋汚染対策としてレジ袋規制の本格化やプラスチックストローの使用取りやめが世界規模で起こっています。

ここまで急ではなくとも、広く使われていたものが時代の変化とともに使われなくなる例は数多あります。

ミシン、カメラ、デジカメ、ラジカセ、ステレオ、ブラウン管テレビ、ビデオ、カーナビ…といった電化製品。また、紙の資料のデジタル化に伴い印刷業界、プリンター、そしてはんこの需要も激減しました。

あと大きいものでは自動車です。人口減少や生活様式の変化で先進国における自動車販売台数は減少を続けていますが、さらに今後のEV化・自動運転化によりエンジン関連部品やガソリンの需要は激減するでしょう。

こうして見てみると、どんな需要もいずれはなくなる、あるいはどんな事業もいずれは衰退すると言っても過言ではないということがわかります。

そんな中で「うちは○○を製造する会社である」と自社の定義を固定化してしまっては、

その商品の需要消滅とともに会社も死んでしまうことになりかねません。

ここで大事なことは、

「事業の定義を抽象度を上げて考える」

ということです。

「抽象度を上げる」という表現がイメージしにくければ、「自分たちのやっていることをレイヤーを上げて考える」と言ってもいいでしょう。

「ドリルを買う人が欲しいのは〝穴〟である」との主張で有名な「マーケティングの近視眼」という論文があります。

この論文は五十年以上前にアメリカで発表されたものなのですが、ここでは近視眼からくる企業の失敗例として、米国の鉄道会社業界が挙げられています。

これは、かつて栄華を誇った同業界が自らを人や貨物の輸送業者だと定義せず、単に鉄道業者と定義してしまったため、急拡大する旅客や貨物などの市場を取り込めずに衰退したというものです。

自社を「鉄道業者」と考えるのではなく、一段抽象度を上げて「人やモノを運ぶ業者」と定義することで事業オプションは大きく広がっていたはずだということです。

デジカメの台頭により明暗を分けたコダックと富士フィルムの例は広く知られているものですが、富士フィルムが再生プロジェクトを始動する際、新社長が「車が売れなくなったトヨタ自動車を想像してほしい」と社員に声をかけたといいます。

そしてそこから20年弱が経過した今、そのトヨタも「ドライバーの要らないクルマは作らない」と公言していた方針を変え、「車をつくる会社」から移動に関わるあらゆるサービスを提供する「モビリティ・カンパニー」への転換を図っています。ただいい車をつくっていても駄目な時代になったということです。

日本のものづくりの頂点ともいえるトヨタでさえ製造業からサービス業への転換を宣言しているわけですが、これは正しくは「製造業からサービス業への転換」ではなく、「自社がサービス業であることの認知」です。

つまり、自社をメーカーとしての「車屋」ではなく、サービス業としての「移動提供屋」と再認識することで、自社が提供できる価値の可能性は大きく広がっていくのです。

「差別化の罠」から抜け出す

当社のクライアント企業においても、

・ただ英会話を教えるのではなく、欧米エリートと対等にわたり合える知的武器と人間力を授ける英語教室
・歯をつくるだけではなく、お客様である歯科医院への教育を通して患者のデンタルＩＱ（歯に関する知識）向上に取り組む歯科技工所
・お客様の機械設備の寿命やパフォーマンスの最大化を支援するオイル販売業者
・ただ髪を切るだけでなく、ファッション、メイク、香水、表情、しぐさ、言葉など、モテる女に変身するために身なりと立ち振る舞いをトータルで指導するヘアサロン

など、世間一般の「何屋」の定義を超えたサービスを提供して顧客に選ばれている会社が増えています。

キラーサービスを打ち出すと、単に商品を提供するというレイヤーから一段上に行くことができます。自社の事業の定義の抽象度が上がります。

そうなると、もはや自分たちは何屋かわからなくなっていきます。単純に「何屋」と呼

べなくなるのです。

これぞ「差別化の罠」から抜け出した本質的な差別化です。キラーサービスをもつことにより他社と比べられない独自ポジションを築くことができるというわけです。

次章からはいよいよ、そんな自社の独自性を獲得できるキラーサービスとは具体的にどのようなものか…ということについて、実際の事例も交えながらお伝えしていきたいと思います。

第3章

儲かるキラーサービス
3大パターン

自分たちが信じ込んでいる常識はなにか？

さてここからは、「特別ビジネス」をつくる上でのカギとなるキラーサービスの実際のパターンについてご紹介していきます。

通常、当社でクライアント企業のキラーサービス構築をお手伝いする場合は、２か月から３か月かけてその内容を検討していきます。

どのように検討するかということですが、業界の常識を打ち破るようなキラーサービスをつくるためには、まず「自分たちがどんな常識に縛られているか？」ということについて理解する必要があります。

常識というだけあって、自分たちにとってはあまりにも当たり前すぎて、普段まったく意識していないということはたくさんあるものですが、まずそれらを言語化した上で、「本当にそうか？」「それでいいのか？」と疑っていくことが、キラーサービスをつくる上で非常に重要な視点となります。

そうはいっても、長年特定の業界にどっぷりつかっていると、知らず知らずのうちにその業界のやり方や考え方が自分の中にへばりついていて、なかなかその思考の枠から抜け出せないものです。

ですから、そういった常識や思い込みを壊していくためのさまざまな思考法やフレームワークをこちらからお伝えしながら、クライアント企業の社長以下、幹部の方々に、いままでにない頭の使い方をしていただいています。

もちろん、こちらからもキラーサービスのアイデアをお渡ししていきますが、クライアント企業の皆さんにも考えていただくことで、新しいサービスを生み出す力というものが会社に残っていきますから、1回こっきりにならずに再現性が確保されるという利点があります。

それでは、ここからはそんなキラーサービスの代表的な3つのパターンをご紹介していきます。実は現在のところ当社で体系化しているキラーサービスのパターンは十以上あるのですが、これからご紹介する3つのパターンが最も入りやすく、イメージも湧きやすいものとなっていますので、皆さんもぜひ自社の状況に置き換えてお読みいただければと思います。

1. 時間を短くする／長くする／ずらす

まずわかりやすいところであり、かつさまざまな業種・業態の企業で検討の余地がある「時間」を切り口にしたキラーサービスについてみていきたいと思います。

主なパターンとしては次の3つがあげられます。

・時間を短くする ― 短納期、特急対応、緊急対応…などのスピード対応
・時間を長くする ― 長納期割引、一時保管サービス…などのスロー対応
・時間をずらす ― 深夜対応、早朝対応、ジャストインタイム…などの変則時間対応

ここでは一番頻度が高い「短くする」についてお伝えしたいと思います。

この「スピード対応」というのはまさに「タイム・イズ・マネー」と言われるように、お客様に大きな価値を提供する切り口となり得ます。

また、昨今では「時短」が重要なキーワードとなっており、時間価値の提供が非常に重視される世の中となっている中、スピード対応を打ち出し大きく事業を伸ばしている企業

も増えています。

私がかつて勤務していたミスミもそのうちのひとつです。同社では、

〝It's all about TIME.〟（時間価値がすべて）

というキャッチフレーズを打ち出し、スピード対応にとことんこだわっていました。

また、ネット印刷のプリントパックも最速で当日出荷という驚異的なスピード対応を打ち出し、業界全体が大幅に縮小している印刷業界において異例の成長を維持しています。

急成長を続けるアマゾンについても、豊富な品揃えとともに、ほとんどの商品が翌日に届くという利便性でユーザーを増やしています。

「まあまあ早い」「なるべく早い」では意味がない

いずれの企業もスピード対応を打ち出すことによって「割増料金」を課すことに成功しています。たとえばプリントパックでは、当日出荷と七営業日出荷では二倍近くもの価格差があります。「急ぐなら高いですよ、ゆっくりでいいなら安くしますよ」というわけです。このメリハリがスピード対応で儲けるポイントとなります。

納期別に価格差をつけることで、スピード重視の顧客と価格重視の顧客の両方を取り込むことができますし、オペレーションの負荷も分散しますから、スピード対応が実現しやすくなります。

このメリハリを意識することなく、すべての商品を一律に早く出そうとして、「(割増料金を取れるほどではないが)まあまあ早い」という納期に結果的になってしまっている企業が非常に多いように見受けられますが、これは非常にもったいないことです。

これは納期だけでなく何事もそうですが、**みんなにいい顔をして中途半端な存在になってしまっては埋もれるだけ**です。

とにかく自社のサービスにトンガリをつけて、それに価値を感じるお客様を集めることが事業の収益性を高めるポイントとなります。

納期はいつ始まるか？

また、短納期を実現するためにもう一つ、非常に重要なポイントがあります。それは、「納期というのは、お客様が「なんとなく欲しいな」、「こんなのあるかな」と思った時点から始まっている」ということです。

たとえば、商品を選んだり、発注するための準備（たとえば図面制作など）の時間も含めて、注文を受けるずっと前からお客様にとっての「納期」は始まっているということになります。

この点を理解していないと、たとえば製造業であれば製作納期の短縮ばかりを検討することになりますが、これは言うなればダイエットをしようとしてお腹の肉だけせっせと塩揉みするような発想と変わりないということになります。

痩せようと思ったら当然ながら、普段の食生活や運動の習慣などから見直していかなければ効果は出ないのと同じで、納期短縮についても商売の全体設計から変えていかないと、本当の意味での「短納期」とはならないということです。

このポイントをちゃんと押さえれば、お客様に「時間価値を提供する」ためにできることはいろいろあることがわかってきます。

たとえば、商品の選びやすさや発注のしやすさを提供することもひとつです。前述のミスミもプリントパックもここに手を入れています。

ミスミは顧客と図面を何度もやり取りしてやっと見積り、発注という流れとなる従来のやり方を変えるために、「部品の標準化」という手法を打ち出しました。

顧客側が図面を用意し、ミスミがその通りにつくるという流れを逆にし、ミスミがカタログ上に図面を公開し、顧客側がそのカタログの中から選ぶという流れに変えたのです。

この「標準化」については第5章で詳しくお伝えしますが、これはミスミのような部品加工業だけではなく、様々な業種業態で使える考え方です。

また、プリントパックも印刷業界の従来の発注の仕方を大きく変えた点で共通しています。顧客側がパソコンで作成した印刷データを同社のホームページ経由で送るだけで、すぐに印刷に取りかかれる体制をつくったのです。

それまでは印刷会社にラフデザインを送って、それを版下にして、そこから見積りを発行して…というやり取りだけで数日かかっていたものが、文字通り一瞬で済むようになりました。

これに慣れてしまったら、もう昔ながらのやり方で他社に発注することはかったるくてできなくなります。

「できるできない」はあとで考える

建物管理業を営むF社も「時間価値の提供」を切り口に、それまでの価格競争から抜け出して大きく事業を伸ばした会社のうちのひとつです。

F社は不動産管理会社からの依頼でマンションやアパートなどの設備の設置や修復を請け負っているのですが、その見積り作成と納期回答に約5営業日をかけていました。

私はそれを聞いたときに「随分とゆっくりした会社だなあ」と思ったのですが、聞けば見積り作成には外注業者への問い合わせなども必要となり、どうしてもそれぐらいの日数はかかってしまうし、ライバル会社もそれぐらいの日数で見積りを提出しているとのことでした。

こういった「一般のスピード感覚とずれている業界」においては、スピード対応の打ち出しによって事業を大きく伸ばすチャンスです。

私はF社長に聞きました。

「もしいま5日かけている見積りを1日で出したら商売はどうなりますか？」と。

それを聞いたF社長は笑いながら、

「そんなのムリムリ、不可能！（笑）」と答えました。他の社員も笑っています。

私はもう一度F社長にお聞きしました。

「できるかどうかはちょっと置いておいて、もし1日で見積りが出せるとしたら商売は伸びますか？」と。

F社長は今度は少し考え込むような表情で、

「そりゃ1日で返したらお客様は喜ぶでしょう。急ぎの案件なんかも結構ありますしね」

と答えました。そしてすぐ「でもそんなの無理ですよー」とまた笑い出したのでした。

このやり取りの中に、多くの会社が犯してしまっているミスが表れています。それは、

「やるべきかどうかを考える前に、できるできないを考えてしまう」

ということです。

これがせっかくのアイデアを潰してしまいます。

たとえば、会議で「みんなざっくばらんにアイデアを出し合おう」と言っておきながら、若手社員が「こんなのはどうですか？」と意見を言うと、決まって古参の社員が「そんなの無理に決まってるだろ」とか、「そんなのとっくの昔に試して駄目だったよ。知らないのか」などと言ってすぐさま否定するというようなことが全国津々浦々、多くの企業で起

こっているのです。

これを避けるためには、「アイデアを出すとき」と「アイデアを絞り込むとき」をしっかりと分けることです。

理想は日を分けた方がいいでしょう。当社のコンサルティングでもキラーサービスを決める過程においては、アイデアを出し合う回とそれを絞っていく回、そしてそれをどうやって実現するかを検討する回というのは、それぞれ日を分けて検討しています。そうしなければ、決まって「ウチでできそうなアイデア」しか出てこないからです。

話をF社に戻すと、「そんなの無理ですよー」と笑うF社長に私は大まじめに言いました。「では見積り作成納期を1日に縮めましょう」と。

そこからは、社員の皆さんから出てくるさまざまな「できない理由」を聞き流しながら、どうすれば実現するかの議論を、こちらの主導で進めていきました。

結論からいうと、見積り作成の仕組みをゼロから見直すことにより、見積り納期1日は簡単に実現しました。特殊なものを除きほとんどの案件は当日中、あるいは遅くとも翌日の午前中には見積りを出せる体制を構築することができたのです。

その結果は予想通り、F社の顧客は喜び、急ぎの案件は基本F社に依頼が来るという流れができあがりました。また、ライバル会社はそんなに早く見積りを出してきませんから、相見積もりにもならず、価格もある程度余裕のあるもので通るようになりました。

また、なによりお客様との関係性が非常によくなり、急ぎの案件ではない通常のものでも、結構F社で決まることが多くなったのです。

これは第一章でお伝えしたK社と同じ現象です。キラーサービスにより他社では提供出来ない価値を提供することより、お客様に感謝されながら選ばれるという状態がつくれるのです。

その後、F社は見積りだけではなく、実際のサービス提供時においても、仕組み化の発想でオペレーションを見直すことにより、実施スピードを格段に上げることができるようになり、案件あたりの平均コストを大きく低減させることに成功しました。

2.川上／川下でのサービスを展開する

二つ目のパターンをご紹介しましょう。

これは前述のスマイルカーブの図でいうところの川上、あるいは川下で何かサービスを提供するというものです。

製造業であれば川上の企画や設計などに関連して、あるいは川下の販売やアフターサービスでなにかユニークなサービスができないか考えるということになります。

もちろんこれは製造業に限った話ではありません。

たとえば卸売業や小売業のことを流通業とよびますが、文字通りただ単に「流して通している」だけであれば、当然ながら付加価値は低いということになります。もっと企画で差をつけるとか、特殊な売り方をしたりアフターサービスをつけたりして独自の販売手法を確立していかないと、「流通革命」といった響きのいい言葉とともに「淘汰される側」になってしまいます。

いまやどんな業種・業態であろうと、川中に留まりながら事業成長を望むことは難しいでしょう。言われたとおりにやるだけの仕事は取って代わられる時代になったということです。

ですから製造業の会社がよくやる「カイゼン」っていう活動がありますが、カイゼンなんかやっている場合ではないということです。付加価値の取れない川中の範囲でそういった部分最適化に終始するのではなく、もっと外側に目を向けていかなければ事業は儲かりません。お金は社内ではなく社外に落ちているのです。

その証拠に、カイゼンの本家本元、キングオブ製造業ともいうべきトヨタもサービス業への転換を図っていることはすでに申し上げたとおりです。

自動車業界はいまや川中から川上での勝負に移行しています。来るべき自動運転のプラットフォームをどの陣営が押さえるかという覇権争いにシフトしているのです。

そして、自動運転が実現したならば車内の過ごし方もいまとは全く違ってくるでしょうから、川下としての車内での新しいエンターテイメントサービスの提供も活発になっていくことでしょう。

私はスマイルカーブの川中に留まって苦しんでいる企業をみると、左右の翼をもがれたペガサスの姿を思い浮かべます。飛びたいのに川上・川下に翼をもたないために飛べない、そんなイメージをもってしまいます。

さまざまな分野で産業構造がガラッと変わりつつある現代において、翼がないといって中小企業が川中に留まっていてはひとたまりもありません。

たとえば小売業を大きく変えたのがアマゾンです。同社は小売販売の構造を大きく変化させました。

そしてそのアマゾンによって一番大きな被害を被ったのがリアル書店です。書店の数はこの十年で四割近く減少したと言われています。

そんな中で、この状況に一矢報いている書店も存在します。

たとえば、「一万円選書」で有名な北海道のいわた書店です。これは一万円を支払い、渡されたカルテにある質問事項に回答すれば、社長の岩田氏がお薦めの本をだいたい一万円分送ってくれるというサービスです。

他にも、選りすぐりの本にカバーをかけて封をし、本の書名や著者名を明かさずに紹介文だけで本を売る書店なども出てきています。

そういった書店が売っているのはもはや本ではなく、本のセレクションという無形のものということになります。

このように、自社の属する業界が儲からない構造に陥ったとしても、自らの手で翼を勝ち取っている会社もあるということです。

ビジネスモデルの大転換

東海地区で自動車部品や治具を設計・製造するH社も、スマイルカーブの川中で付加価値を出せずに苦しんでいる会社のひとつでした。

同社は一次メーカーや商社からの指示において設計と製造を請け負っていましたが、非常に顧客に振り回される構造の中にいました。

顧客からの度重なる設計変更の指示が入るたびに無償で対応せねばならず、また製品を製造してからも納品後のテストで何度も修正対応を迫られ、その分の追加チャージも認められず、プロジェクトが終わってみてはじめて利益が出ているのかどうかがわかるといった事業構造となっていました。

「このままいったら自分も社員もパンクする…」

そう思ったH社長は、この状況を抜け出すためのヒントを求めてウェブ上で経営セミナーや勉強会などを探しているうちに、当社が定期的に開催しているセミナーの案内にたどり着き、「ここにウチの事業を変えるヒントがあるのではないか!?」と思われ参加してこられました。

四時間のセミナー中ずっと真剣な表情で聞かれており、セミナー終了後も残って熱心にたくさんの質問をされていたのをとてもよく覚えています。

「本当のことを言うと、もう会社に行きたくないって思うぐらい、気持ちが持たんのですよ…」

と苦痛の面持ちを浮かべながら、「一度ウチに来て相談にのってください」とご依頼をいただき、後日H社を訪問しました。

駅からほど近い住宅街の中にある事務所に到着すると、一階の広い会議室に通していただきました。木目調のシンプルながら美しい内装で、大きな窓からは日光が差し込んで明るい雰囲気の空間となっています。

「ここでセミナーや勉強会をやったらいいだろうなあ」と思いながら着座し、さっそくH社長にお話しを伺いました。

自動車業界の不条理な階層構造の中で顧客に振り回されながら、さまざまな苦労に社員の皆さんが耐え続けているということでした。

ここで、残業を減らすための業務効率化だとか、生産性を上げるためのカイゼンだとか、そういった「部分最適化」ではいまの苦しい状況から抜け出せないことはあきらかです。

今後非常に先行き不透明な自動車業界のピラミッド構造の、ある意味底辺の位置にとどまっている会社の現状をそのままにして、どんな施策を打とうとも焼け石に水というものであり、思い切ってこのピラミッドから抜け出す発想を持たないと、この会社もH社長ももっと大きな苦しみに見舞われることになると私は確信しました。

そこで私は、

「H社長、思い切って新しい事業の立ち上げを進めましょう」

とご提案しました。

H社長は、

「もちろんそうしたい。でも本当にそんなことができるのか…」と半信半疑な面持ちでしたが、このままいっても先はないと、当社とのプロジェクト立ち上げを決心されました。

自分のことは自分が一番見えない

コンサルティングの初回では、事業の独自の強みづくりに取り組むうえで最も重要な考え方をお伝えするとともに、自社がいま持っている強みは何かを言語化していきます。

その現状のH社の強みをH社長に伺ってみると、

「それはもう、設計から製造まで一気通貫でできる体制を持っていることだと思います」

との答えが返ってきました。

私は心の中で、（おそらくそれじゃないな…）と思いました。というのも、設計部門と製造部門をもっているという事実はあくまで会社の「能力・スペック」の話であって、顧客に対する「提案」ではないからです。

お客様からしたら、H社が設計部門と製造部門をともに持っているがゆえに実現可能な「何か」が欲しいのであって、その「何か」なくしてその「一貫体制」は顧客にとっては何の意味もありません。

私はH社長に「なぜH社を起用しているか？　その一番の理由を複数の得意先にヒアリングしてきてください」とお願いしました。

H社長は「それでは一応聞いてみますけど、さっき言った理由しかないと思いますよ…」

とおっしゃっていました。

1か月後H社に再訪し、さっそくヒアリング結果をお聞きしました。H社長は嬉しいような困惑したような複雑な表情でお答えになりました。

「一貫体制のことを言う人はいなかったです。そのかわり、思ってもなかったことを複数の方に言われました。私の設計が『面白い』というんです…」

顧客によると、H社長の出してくる設計は製造現場で使用する際に生きてくる工夫が盛り込まれているので、自社でも設計はできるがあえてH社長に設計をお願いしているとのことでした。

H社長は、自動車部品を製造する際に使用される治具の設計と製造を請け負い、製造現場でのテスト使用の結果から何度も設計変更を依頼される中で、どんな設計にすれば変更が少ないか、現場で使用しやすいか、といったことを考える能力を身につけてこられたというわけです。

私はその話を聞いて、

「あ、つながった！」

と思いました。

何がつながったかというと、H社への初回訪問の帰り、H社長に最寄り駅まで車で送っていただいたときに、H社長が車を運転しながら、

「確かに自動車業界以外のところでできることを探りたいですねえ。工場の自動化ラインの設計とかもできそうなんですが…」

とつぶやいておられたことを思い出したのです。

その時は、こちらはあまりピンと来ていなかったのですが、顧客が評価している社長の「現場での使用を考えたユニークな設計思想」を生かせば、自動化ラインの設計は「いける！」と思ったのです。

私は「中小企業のための〝半〟自動化ライン設計・製造」の事業を立ち上げることをご提案しました。〝半〟自動化というのは、製造ラインのすべてを自動化するのではなく、人手が足りなかったり、力仕事だったという、「できればロボットにやってもらいたい」部分だけ自動化するという考え方です。

それなら、大々的な自動化は予算的に無理でも、社員ひとりふたり分の自動化であれば

十分検討可能であるし、「人手不足倒産」なども社会問題化している現代において中小企業を救う画期的な事業になりうるものだと考えました。

これを聞いてH社長の目は輝きました。「やっぱりそれですよね！」と。

そこからのH社長の行動の速さといったら目を見張るものがありました。

主要なロボットメーカーに出向いていって協業の話をまとめたり、「ハーフオートメーション」という新しい言葉をつくってホームページを刷新したり…。商社とともに見込み客を訪問したり…。ついこの前まで「会社に行きたくない」と言っておられたのが嘘のようです。

これまでの事業では、顧客からの企画やラフ設計をもとに設計書を起こし、厳しい価格と納期で製造を請け負い、その後の修正にも対応し、検収が上がるまでは代金はもらえず…と、自社に事業のコントロール権がない状態でずっとやってこられました。

しかし、この新規事業であればすべて自社でコントロールできる上に、自分たちと同じような中小企業の困りごとをダイレクトに助けてあげることができる。H社長はこの事業に顧客にとっての付加価値だけでなく、自分たちの「大義」を見出せたことに心から喜びを感じられたのでした。

私にはH社長の姿が「翼を取り戻したペガサス」に見えました。

ビジネスに一貫性など必要ない

H社は、いまでは事務所の一階の雰囲気のいい会議室を使って定期的に自社開催のセミナーを実施し、セミナーから個別相談、そして自動化ライン設計製造の受注という流れを構築され、立ち上げ初年度から順調に案件を取っていかれています。

いままでの、自動車業界で顧客に言われたとおりに設計や製造を請け負う事業スタイルとはまったく勝手が異なる新事業にスパッと舵を切られて、手探りながらもどんどん進んでおられるH社長の思い切りの良さと行動力は本当に素晴らしいものでした。

こういった、今までやってきた事業と異なる分野で資金事業を立ち上げる際に、「いままでにやったことがない」とか

「これまでの事業とガラッと変わるから周りから何を言われるかわからない」

といって新規事業の立ち上げを躊躇される方がたまにいらっしゃいます。

しかし、そんな「いままでやってきたこと」に縛られる必要はまったくありません。よく「一貫性が大事だ」などと言われることがありますが、そもそも私たちが生きるこの世界にそんな一貫性などありません。むしろ、この世界は連続的ではなく断続的に変化していきます。（これを現代思想では「認識論的切断」といいます）

これはビジネスの世界でも当然同じことで、インターネットやスマートホンの登場でビジネスのあり方がガラッと変わったように、これからもＡＩやブロックチェーン、その他さまざまなテクノロジーやあらたなプレーヤーによってどんどん世の中は変わっていくはずです。

そんな一貫性のない世界でビジネスをやっているのに、自分だけ過去にやってきたことにこだわっていては世界のあり方とずれていくだけです。

今現在、自社の事業がスマイルカーブの「川中」にとどまっていると認識される経営者は、ぜひその枠から飛びだし、川上・川下で自社ならではの付加価値を生み出していくことに踏み出していただきたいと、当社は切に願っています。

3.ノウハウ・サポートを提供する

最後のパターンは、自分たちがもっているノウハウを提供したり、商品をおさめる現場にて何らかの指導をしたりといった、プラスアルファのサポートを実施するものです。

自分たちにとっては当たり前の知識や知見が、他人にとっては全然当たり前ではないということはよくあることです。そういった無形のノウハウを体系化して顧客に提供すれば、その先のバックエンド（最終的に売りたい商品やサービス）の販売につながるほか、そのノウハウ自体も売り物として提供することもできます。

前述のとおり、いまや商品そのものでは差別化が難しい時代です。これは商品に限らず通常のサービス提供においても同じことです。しかしながら、たとえ商品やサービスそのものにははっきりした差別化要素がないとしても、他社がやっていない「かゆいところに手が届く」サポートを付加することができれば、競合他社との競争のポイントをずらすことができ、「比べられずに売れる」状態をつくることができます。

例えば、私はLenovoのThinkPadというノートＰＣを仕事用に使っていますが、これを選んでいる一番の理由は「翌営業日オンサイト修理」というサービスを同社が提供しているからです。これは、ＰＣが故障した際に、技術員がこちらの指定した場所まで出張し、その場で修理をしてくれるサービスです。

幸いこのサービスをまだ使用したことはありませんが、いざというときにはＰＣをメーカーに預けることなくその場で修理してくれるという安心感があります。

他の例としては、非常に価値の高い無料の勉強会を実施してうまくビジネスにつないでいるリフォーム会社もあります。

自宅のフルリフォームは時間と費用がかかるものですし、簡単に決められる買い物ではありません。また、仕上がりが満足いくものになるかどうかも非常に気になる問題です。当然、引っ越しや建て替えなどの他の選択肢との比較にもなることでしょう。

見込み客のそういった不安や懸念、疑問などを解決するために、そのリフォーム会社は無料の勉強会を定期的に開催しています。

「これが失敗するリフォームだ！」とのキャッチコピーで興味を惹き、リフォームでどんなことができるか、どんなことに気をつければ満足のいくリフォームが実現できるか、建て替えよりもリフォームがいいのはどういった場合か…といったことについてわかりやすく、様々な事例を交えて説明をしているとのこと。個別相談ではなく複数人を対象とした勉強会ですから参加者は安心して参加できますし、リフォームの良さを深く理解するうちにすっかり自宅をリフォームしたくなるというわけです。

販売業から先生業への脱皮

当社のクライアントにおいても、ノウハウ提供をキラーサービスとして設定し、業績を伸ばしている企業が多数あります。

産業用の燃料や潤滑油を販売するY社もそのうちの一社です。

同社のY社長は、「うちにもキラーサービスが必要だが、自分たちだけでそれをつくるのはハードルが高い」とお考えになり、当社のコンサルティングをご依頼になりました。

お話しを伺うと、Y社では潤滑油の販売を強化するために、新たに一名経験者を中途採用し、顧客開拓を進めている最中とのことでした。

ところが、惜しいことにその経験者の知見は、その方が実際にセールスをする際のセールストークの中で生かされるにとどまっており、他の営業マンへの横展開が不十分でした。つまり、その方の知見が「会社の強み」として顧客にアピールできる形になっていなかったということです。

これはY社に限らず、当社がご支援してきた多くの会社にもよく見られる現象です。その会社の社員のもっている知見やノウハウがその方の頭の中に留まり、体系化・見える化ができていないために、会社としてそれを有効活用しきれていないということは本当によくあります。

これはあとの章で詳しくお伝えしますが、こういった無形の知見・ノウハウを目に見える形に有形化し、それを会社の武器として使う仕組みを構築すれば、その価値は何十倍、何百倍にも化けることになります。


さて、Y社のケースに話を戻すと、私はその経験者の知見・ノウハウを武器にY社の潤滑油販売事業を顧客にとってより価値の高いものに引き上げることができると確信しました。そこで私は、同社の潤滑油販売員は「オイルコンサルタント」と名乗ること、そして彼らの役割は単に潤滑油を販売することではなく、潤滑油の適切な使用を顧客に指導することにより、彼らの機械設備のパフォーマンスと寿命の最大化を支援することであると定義することをご提案しました。

そして、「設備の寿命を延ばすための潤滑油活用法」との内容で無料勉強会を実施することとし、その内容づくりをご支援しました。

もちろんこれは単なる勉強会ではありません。顧客に対してしっかり潤滑油の使用法について教育し、そこからバックエンド販売につなげるのが狙いです。

ですから、勉強会と言ってもその構成は第6章でお伝えするようなセールスの考え方を軸として組み立てます。いわば勉強会と商談のハイブリッドな内容にするわけです。

勉強会型セールスの3つのメリット

この勉強会を使ったセールス手法には3つのメリットがあります。

ひとつは「**しっかりと顧客教育ができる**」ということです。勉強会となれば個別の商談と違って一度に多くの方に話しをすることができます。そして、事例や画像・動画などを使いながら、見込み客の「常識や思い込み」を壊していくことができるのです。

Y社のケースだと、多くの見込み客は「潤滑油なんてメーカー指定にさえ従っておけばどれでも大丈夫」という常識・思い込みを持っています。しかし実際は、使用する設備が置かれている環境や、その他様々な要素によって使用すべき潤滑油は変わってきます。また交換のタイミングや方法も実は設備の種類や使用状況によって全然違ってくるのです。

そういった、機械設備を最大限に生かすための潤滑油の使い方などは多くの見込み客が理解していないことですから、勉強会に参加していただくことにより、その考えを改めていただくことができます。

つぎのメリットは「**こちらが先生ポジションを築ける**」ということです。通常のセールスであれば、「買う」という選択権は当然ながら買い手側にありますから、売り手である営業マンはどうしても買い手よりもポジションが下になります。

そして、その意識を克服できない営業マンは、せっかくいい商品やサービスを提案していたとしても、いわゆる「お願い営業」となってしまいがちです。

しかし、勉強会というかたちをとることにより、教えている側である売り手が自然と上のポジションを取ることができます。なぜなら、「教える側＝先生＝上」、「教わる側＝生徒＝下」という価値観を人は多かれ少なかれ持っているからです。

このポジション効果により、買い手はより「聞く耳」を持ってくれますし、こちら側を「専門家」として見てくれるようになります。

三つ目のメリットとしては**「セールス色が薄まる」**ということです。セールス色というのは言い換えると「売ろうとしている感」とでも言えるでしょうか。人は誰でも売られたくはありません。しかし、売れない営業マンはついつい「売ろう」としてしまってセールス色が全開となり、相手から拒否反応を示されて契約が取れないということになりがちです。

しかし、勉強会という形式をとることにより、このセールス色を薄めることができ、相手は警戒心を解いてフラットに内容に耳を傾けてくれます。そして、前述のとおり先生ポジションを築きながらしっかり顧客を教育することができますから、こちらは売っていないのに、聞き手の方が「その先の価値」を感じて次のステップに進んでくれるという流れになりやすいのです。

「売っていないのに、圧倒的に売れる」――勉強会を実施することでこの状態を得ることができるようになります。

事業としての深みを出していくために

もちろんY社がこの勉強会を導入する狙いは売りやすいからだけではありません。単に潤滑油を販売するだけでなく、「オイルコンサルタント」を名乗り、潤滑油に関する指導を通じて機械設備自体のメンテナンスにも関わっていくことにより、**顧客に対する提供価値を何倍にも大きくすることができ、事業としての深みを広げていくことができる**のです。

そしてそれは社員の意識を「売り子」から「専門家」への変化させることにもつながります。単に自社が扱う潤滑油が売れればいいという発想ではなく、顧客の機械設備をどう生かし長持ちさせるかという思考になりますから、社員の視点は上がり、成長の伸び代も非常に大きくなります。

このY社の挑戦はいま始まったばかりですが、新規に採用した経験者の知見がこれから他の社員へと共有され、無料勉強会からのコンサルティングをキラーサービスとして、今後多くの製造業のお役に立っていかれることでしょう。

このように自社がもつ知見やノウハウを提供したり、プラスアルファのサポートを提供することは、単に商品を提供するだけのビジネスに比べて事業の深みを出すことができ、またどんな業種業態の企業においても様々なかたちで応用可能です。

自分たちにとっては当たり前と思っている知見、あるいはやって当然と思っているサポート、そういったものが自社にないかどうか。ぜひ一度貴社においても振り返ってみて下さい。

"儲かる" キラーサービスでないと意味がない

以上、キラーサービスの代表的な3パターンについてご紹介しました。当社が導入をご支援したキラーサービスには他にも様々なパターンがありますが、まずはこの3パターンが検討しやすいかと思いますので、ぜひ貴社のビジネスにおいても導入を検討してみてください。

そして、その際にとても重要になる考え方があります。それは、そのサービスが**「お金になるか」**ということです。

これは有料でやるか、無料でやるか、ということではなく、そのサービスを打ち出すことにより、事業の収益性が上がるかということです。

単に客寄せにつながる、話題性が出る、ということであれば、苦労してキラーサービスをつくって実践する意味がありません。

それをやることにより、従来と異なる価格体系を打ち出すことができたり、値引きをしなくても売れるようになったり、商品代金だけでなく無形のノウハウやサポートも有料で販売することができたりと、利益率の大幅向上につながるキラーサービスを最初から狙うようにしてください。

そうでないと、「忙しいのに儲からない」という状態が加速し、社員をいたずらに疲弊させることにもつながりかねず、会社をめちゃくちゃにしてしまう恐れもありますので、脅すわけではありませんが、くれぐれもこの「儲かるキラーサービスになっているか？」ということをぜひ意識して取り組んでいただければと思います。

さて、次章ではそんな「儲かるキラーサービス」をつくる絶対条件である「業務の仕組み化」についてご説明していきます。

第4章

特別ビジネスを
高収益化する
“仕組み化・標準化”戦略

1　仕組み化なき組織は組織ではない

イレギュラーをレギュラーにする「業務の仕組み化」

第1章で「儲かる事業をつくるためには「自社独自の強みの構築」と「業務の仕組み化」が不可欠」とお伝えしましたが、キラーサービスを打ち出して自社の強みとする場合、いやでも業務を仕組みで廻すしかありません。

他社がやっていない特別なサービスを打ち出すわけですから、仕事のやり方を変えなければ当然ながら現場のオペレーションに負荷がかかります。

たとえば短納期サービスを打ち出す場合がわかりやすいでしょう。これまで三日納期だったものを一日に短縮する場合、今までのオペレーションのままで納期を短くしようとしたら、必然的に社員が残業でこなすということになってしまいます。

そのように、現場に通常以上の負荷をかけて特別対応を実現したとしても、コスト高になりますし、なにより長続きしません。製造現場の社員は疲弊し、そういった短納期の注文を取ってきた営業と製造の間で軋轢が生まれてしまうことでしょう。

繰り返しになりますが、儲かる特別ビジネスを実現するためには**「外から見たらイレギュラー、中から見たらレギュラー」**になっている必要があります。

そのためには、いままでの仕事のやり方の延長線上で社員が頑張る（＝犠牲になる）のではなく、通常業務として廻せる方法を、知恵を絞って考える必要があります。

これは逆に言えば、その新しいサービスがいままでのやり方で簡単にできてしまうとしたら、それは顧客にインパクトを与えるキラーサービスになっておらず、他社でも簡単に真似できてしまう可能性が高いということになります。

ここが「儲かる特別ビジネス」を構築する上で非常に大事なポイントです。

つまり、第2章でもお伝えしたとおり、キラーサービスを考える際に「できるできない」を考えてしまうと、ちょっと頑張れば自分たちで簡単にできてしまうような、無難な内容になってしまいます。

また一方で、もしインパクトのあるキラーサービスのアイデアを考えられたとしても、それを実現するための最適な仕組みをつくることができなければ、せっかくのアイデアも絵にかいた餅で終わってしまうということです。

簡単にはできそうにないキラーサービスを実現させるための仕組みを考え、それをものにすることで、ちょっとやそっとでは他社に追いつかれない、確固たる競争優位性を築くことができるというわけです。

そのために、社長は社員に対して2つのことを宣言する必要があります。これを伝えるかどうかで、革新的な仕組みがつくれるかどうかが決まるといっても過言ではありません。そのまず一つ目は、**そのキラーサービスを「絶対にやる」と社長が決意し、皆に伝えること**です。

この社長の決意表明が非常に大切です。これがないと、社員が仕組みを考える際に「やっぱり難しいかなあ」と、どこかで逃げの思考が働いてしまうからです。

最初の出発点が「やる」なのか「できればやりたい」なのかで、結果は大きく変わってきます。社長が「これは何が何でもやるんだ」という姿勢を最初に示すことで、その実現方法を考える社員も覚悟を決めて真剣に向き合うこととなります。

ミスミでもしばしば「社長プロジェクト」が立ち上がりました。例えば、現状3日納期のものを1日納期に短縮するプロジェクトです。

これも、「1日納期にできるかどうか検討せよ」ではなく、「1日納期を来期にはスタートさせるから、その方法を考えよ」というもので、検討チーム側に、「できない」という選択肢は与えられていませんでした。

なかなかのブラック企業のように思われるかもしれませんが（笑）、この緊張感、あるいはコミットメントがミスミの強さの源泉であったともいえます。事実、検討メンバーは必死になって夜な夜な議論を繰り返しました。

そして、この「絶対にやる」というトップの宣言があってこそ、二つ目の宣言につながるのですが、それは、**「実現するためのやり方はなんでもあり」と社長が社員の思考の枠を外してやること**です。この二つの宣言があってはじめて、社員は自分たちの常識の枠を破って今までにない方法を検討することになります。

これらの宣言がないと、社員はついつい「自社の現状の能力でできる方法」に思考を制限して考えてしまいます。例えば、製造業の場合は「自分たちはものづくりの会社」との意識が強いため、自社の設備能力や実力の範囲で考えてしまうのです。

しかし、もしそのキラーサービスを実現することで事業が大きく伸びるならば、必ずしも自社で製造する必要はなく、外注を起用しても当然いいということになります。

第2章でお伝えしたとおり、自社が製造をしてようがしていまいが「すべての企業はサービス業」であるわけですから、目的達成のために自社で作ることが最適なのであれば作ればいいし、そうでないならどこかにやらせればいいということです。

今までの自社のやり方や能力・キャパなどは一旦横に置いておき、何もないところからその方法を考えたらどうなるか。お金の制限がないならどういう仕組みをつくるか。そのように、まっさらな気持ちで考えていくことが求められます。

たとえば「俺のイタリアン」を創業した坂本孝氏の考え方などは、まさにこの制約を外した思考として参考になります。

坂本氏は、「高級食材を使って一流シェフが料理したイタリアンを高級店の3分の1の価格で提供する」というサービスコンセプトを思いつきましたが、それを実現するためには、顧客を一日3回転以上させないといけないという計算になりました。

本格的なイタリアンレストランで一日3回転以上というのは非常にハードルが高いわけですが、それを実現するために坂本氏は「立ち食いでいこう」と高級店では考えもしない「座席なし」という方法を思いついたのです。

これも、坂本氏が「俺のイタリアン」のサービスコンセプトを実現させることを最初から決めていて、その実現のために枠を外して方法を考えたからこその発想だと言えます。そうでなければ「一日3回転以上はやっぱり厳しいから、原価率を少し下げるか、価格をもう少し上げるか…」と逃げてしまい、USPの効かないよくあるお店となっていたことでしょう。

別の例では、東京都町田市で家電販売店を営む「でんかのヤマグチ」も、業界の常識を取っ払ったやり方で成功している会社です。

その昔、町田市は大手家電量販店が軒並み出店し、街の電気屋であるヤマグチは売上も粗利もジリ貧になっていました。このままでは生き延びられないと考えた山口社長は、ある日営業マン全員を集め、彼らの電卓の「÷（割る）」「6」「5」の3つのキーをマジックで塗らせました。

そして、首をかしげている営業マンに向かってこう言ったそうです。

「もう売上拡大路線は捨てる。売上より利益！今日からどんな商品も「÷65％」で売値を計算して、粗利35％を確保してください」と。

当時の大手量販店の粗利は15％、ヤマグチは粗利25％程度でなんとか勝負していた状況です。当然営業マンは「そんな高い値段では売れない」と反発しましたが、山口社長は、「何をしてでもその値段で買ってもらえ」と譲りませんでした。そうでなければ社員たちを食わしていけないからです。

そこで同社では、「顧客のためになんでもやる」という戦法に出ました。電球や電池の交換、重い家電や家具の移動、留守時の花の水やりからペットの散歩まで…。顧客も絞り、自分たちが訪問できる範囲に絞って徹底的に特別対応を提供したのです。

結果、顧客から「遠くの親戚より近くのヤマグチ」とまで言われるようになり、顧客のファン化に成功。定価販売が定着し、この方針転換から7年後には目標の粗利35％を達成、現在では粗利40％に到達しています。

もちろん、彼らはやみくもに顧客対応をするのではなく、経費倒れにならないよう、取引履歴等によって顧客を分類しておもてなし度合いを変えるなど、様々な工夫を仕組み化することによって、しっかりと利益の残る体制をつくっています。

このヤマグチのケースは、まさに社長のリーダーシップと枠を外した常識外の発想で他社との競争をずらし、特別対応により圧倒的な利益を上げている好例です。

社員の動きに戦略性をもたせる

さて、第2章で「サービスによる差別化は組織力の向上につながる」とお伝えしましたが、その理由は、キラーサービスの実現に必須となる業務の仕組み化は、組織プレーによって実現されるからです。

業務の仕組み化は、言ってみればサッカーやラグビーでいうところの「セットプレー」のようなものです。サッカーでコーナーキックになったとき、各選手がどのような動きをしてゴールを狙うか、その作戦は当然のことながらあらかじめ練られたものであり、かつ選手が何度も練習を繰り返したものであるはずです。

ビジネスにおける業務の仕組み化も同じことです。目的の達成のために、各社員がどのような役割をもち、どのように連携するか、それを事前に決めておくのです。

つまり**「人の動きに戦略が入る」**ということになります。これにより「1＋1＋1」が

「4」にも「5」にもなるというわけです。

この点も、第2章でお伝えした、

「まず全体があって、そして部分（個）の世界が振り分けられる」

という考えが当てはまります。

まず仕事の進め方についての全体設計があってはじめて、個々の社員の動きも決まっていくということです。

これが全体の発想がなく個人が自分の判断で思い思いに動いたとしたら、当然ながらゴールを狙えるセットプレーにはなるはずがありません。セットプレーでは、当然ながら各プレーヤーがどのような動きをするかは事前に決まっています。

もちろん、スポーツもビジネスも相手があることですから、流れによっては各個人が臨機応変に対応する必要は当然ながら出てきます。

しかし、最初から仕事の全体設計なしに、個人が自分の判断で動いてしまったのでは、それはもう組織プレーとは言えません。

つまり、仕事を仕組みで廻すということは、「人」を起点に考えるのではなく、あくまで全体設計としての「仕組み」を起点に考える、ということになります。

別の言い方をすると、仕事から「人」を引き離す必要があるということです。仕事が人に張りついている、すなわち仕事が属人化している状態では組織プレーにはなりません。

みんながバラバラに仕事をしたのでは、それは組織でもチームでもなく、単なるグループです。その状態では、各個人の仕事がうまくつながらず、「1＋1＋1」が3にすらならないということになります。

野球好きの方なら、その昔巨人が他球団のホームランバッターばかりを集めた時期があったことをご存知だと思います。その強力な打線は「史上最強打線」とよばれましたが、全員がホームランを狙う打線はまったくつながらずに成績は不振、優勝争いにからむことはまったくありませんでした。

仕事が属人化していては、この巨人と同じような状態になってしまうということです。できる社員とできない社員のギャップが大きく、彼らが協力・連携して成果を出すということもありません。全員分の給料を払っている社長からすると、非常に残念な状態が続くことになります。

仕事を属人化させない4つのメリット

ここからは、仕事を属人化させず仕組みで廻すことで経営者が得られる４つのメリットについてご説明していきます。

まず一つ目としては、**「仕事がブラックボックス化しない」**という点です。

「社員はとても忙しそうにしているが、いったい何をやっているのかわからない」という悩みをお持ちの経営者は少なくないのではないでしょうか。

仕事が属人化している状態では、どんな工程や手順で仕事をしているか、社長には見えにくくなります。

そして、なかなか報告が上がってこないために、「例の件はどこまで進んでいる？」と社員に聞いても「あれは今やっていますから、もう少し待ってください」とお決まりの返事が返ってきます。

このような状態では、社長は状況に応じて適切な介入ができませんし、最終的にミスが起こったとしても「なんでもっと早く言わないんだ！」と社員を叱って終わりということになりがちです。

そして、こういうことが繰り返されると、社長は疑心暗鬼になり、もう社員のことを信じることができずに、常に社員に「おい、あれはどうなってるんだ？」と声をかけることになってしまいます。

これが、仕事が仕組みで進んでいれば、社員はどんな工程で仕事をこなし、そしていまどの状態にあるのかが見えるようになりますから、何事もなければ安心して社員に任せておくことができますし、なにかおかしなことが起こっていれば、適切なタイミングでサポートすることができます。

なにより、いま何が起こっているかが把握できることは、社長の心の安寧につながります。精神的な余裕が生まれます。このことが組織に与える影響は非常に大きいです。

そして、二つ目のメリットは**「人への駄目出しにならない」**という点です。

仕事が属人化していると、仕事でミスや不具合が生じたときに、どうしても「人」を叱ることになります。

そして、叱られた方も自分を否定されたような気になり、感情的に捉えてしまいがちです。

また、見直すべきところがベテラン社員の仕事のやり方である場合、若い社員は口を出すことができません。場合によっては社長ですら手を焼くことになるでしょう。

しかし、仕事が仕組みで廻っている場合は、批判の対象が「人」ではなく「仕組み」になります。仕組みは誰か特定の社員のものではなく会社のものですから、これなら堂々と批判することができます。

「どうも今のやり方だとこういう場合にミスが出るんじゃないか？　みんなで見直そう！」と声をかけることができるわけです。

こうなると、社内の雰囲気はカラッとしてきます。そして、若い社員も意見が言いやすくなります。仕組み化により業務改善が非常に取り組みやすくなるということです。

三つ目のメリットとしては**「社長が仕事をお願いする必要がない」**ということです。

仕事が仕組み化されておらず属人化している状態では、社長が新しい仕事を社員にやらせる際に、「誰か」に対してそれを依頼することになります。するとその社員は社長から新しい仕事を（個人的に）頼まれた、お願いされたというふうに捉えがちです。

そうなると、頼んだ相手によっては「えっー、俺がやるんですか？」なんて言われてしまったり、逆にそれを避けたいがゆえについつい頼みやすい社員に仕事を頼んだり、ということが起こってしまいます。

しかし、仕事を仕組みで考える習慣ができていれば、社長が新しい仕事を頼む際は管理者に指示を出し、新しい仕組みをつくるか、現状の仕組みに織り込んでいくかという検討をさせれば済むことになります。何も社長が社員にお願いすることはありません。

管理者の方も、仕事の目的や効率を考えて最適なやり方を考え、適切な人員にそれを任せたらいいので、誰かが犠牲になるという発想は出なくなります。これも社内の雰囲気がカラッとしてくることにつながる点です。

そして四つ目のメリットとしては**「社員を訓練できる」**という点です。

業務を仕組み化したらそれですぐうまくいくかというと、もちろんそんなことはありません。あらかじめ取り決めた仕事の工程や役割分担がちゃんと機能するように、何度も訓練する必要があります。

これはまた消防署の例がイメージしやすいと思います。彼らは火事が起きた際の段取りを一度決めたら、あとは火事が起こるのを待っているだけかといったら、当然ながらそんなことはありません。普段からさまざまな訓練を日々実施しています。有事に備え、あらかじめ定めた手順を何度も何度も繰り返して万全を期す。これがプロの所業です。

では、ここで考えてみていただきたいのですが、そんな消防署で、各隊員の動き方をあらかじめ取り決めることなく、日々の訓練ができるでしょうか？

これはおそらく訓練にならないはずです。つまり業務が仕組み化されていなかったら、習得すべき動き方のお手本もない状態となり、毎回場当たり的な演習となってしまうことでしょう。

ビジネスにおいても同じことで、基本の業務プロセスがあらかじめ練られているからこそ、新しく入った社員もすぐにその習得に励むことができるのです。

これが、逆に仕事が属人化されている状態では、いわゆる「見て覚えろ」ということになりがちです。これでは社員はいつまでたっても一人前になりませんし、今どきの若い人材は成長を感じられずにすぐに辞めてしまう可能性もあります。

「業務の仕組み化があってはじめて社員を訓練できる」

この発想がなく、ただ社員教育をしようという考えで、社員を研修などに行かせたところで彼らは育ちません。社員に必要なことはそういったお勉強としての教育ではなく、実際の実務の中で行われる訓練なのです。

社員の個性を大切にする…の勘違い

いかがでしょうか？　仕事を属人化させず仕組み化することによって、組織が有機的に機能するイメージは持っていただけたのではないかと思います。

当社にご相談に来られる経営者の方々も多かれ少なかれ、人の問題で悩んでいらっしゃいますが、人の問題があるということはやはり意識が「人」に向かっているということの表れです。

経営者は「人」をなんとかしようとするのではなく、その「人」を生かすための「仕組み」の方に手をつけるべきなのです。

つまり、人の問題で悩んでいるということは、仕組み化に問題があるということになります。

このようにお伝えすると「私は社員の個性を大切にしたい。人を歯車のように扱いたくない。」とおっしゃった経営者がいらっしゃいました。

しかし、仕事を仕組みで廻すことは、この方がおっしゃるように社員の個性を生かさないことになるのでしょうか？

これは、私は逆だと思っています。

社員が自分の好きなやり方で仕事をする…と言えば聞こえはいいですが、これでは前述したとおり個々の社員が場当たり的な仕事のやり方になってしまい、やらなくていい無駄な作業を繰り返すことになったり、毎回悩まなくていいことに悩んだりすることになります。

これは、本来はもっと力を発揮できるはずの人材に、その能力の無駄遣いをさせているということです。

また、仕組み化できていないと社員間での連携も取れませんから、彼らは孤独な世界で成果が出せずに苦しむことになってしまいます。

つまり、彼らは歯車にもなれないということになります。

一方で、**業務を仕組み化すれば、社員が歯車になるのではありません。その仕組みが歯車となるのです**。それを社員が連携して廻し、協力して成果を出していくことになります。

そうやって仕組み化により成果を出すことができれば、会社はより高いハードルに挑戦できるようになりますから、次なる目標を設定し、それを実現させるための新しい仕組みを社員がまた知恵を絞って考えていくという循環になります。どちらが社員の個性を生かすことになるのかは明白です。

第1章でお伝えしたメキシコ人労働者たち。業務の仕組み化を進めた結果、彼らは大きく変わりました。ある日、工場の真ん中で彼らがマニュアルを取り囲んで円になり、仕事のやり方を真剣に議論していた姿が今でも忘れられません。彼らはぐうたらでもなんでもなかったのです。

本来、人はがんばりたいと思っています。その気持ちを生かすも殺すも経営者次第であり、彼らが１００％がんばれる環境を整えることが経営者の役割です。彼らが廻せる仕組みをつくり、御社の人材をフルに活用できる体制をつくっていきましょう。

2　業務を仕組み化する具体策

仕組み化の３Ｋ

さて、ここまで業務の仕組み化の重要性についてお伝えしてきましたが、ではその仕組み化とは具体的に一体何をすることなのか、ということについてお伝えしていきます。

基本的な考え方は実にシンプルです。当社ではこの仕組み化の原則を「仕組み化の３Ｋ」として整理しています。

その３Ｋとは以下を指します。

①工程
②紙
③更新

まず①の「工程」は、仕事を進めていく順序・手順を決めていくことを指します。誰が、何を、どういう方法で実施するのかという一連の流れを明確にすることです。

第1章で儲かる会社にするためには「独自の強みづくり」と「業務の仕組み化」の2つ

が必要とお伝えしましたが、これは経営学でいうところの「戦略優位性（ストラテジック・エクセレンス）と「オペレーション優位性（オペレーショナル・エクセレンス）」をともに確立するということになります。

そして、日本の大企業は傾向として後者のオペレーション優位性を極限まで高めてグローバルで戦ってきました。

かつてハーバード大学のマイケル・ポーター教授は「日本企業には戦略がない」とこきおろしましたが、オペレーション優位性で戦うというのが日本企業の戦略だったわけです。（そしてそれは「大きな物語の時代」では有効だったことは前述のとおりです）

そして、そのオペレーション優位性を高めるためにまず必要なことが、この「最適な工程を設計する」ということになります。

「工程をしっかり作り込むことが大事」とお伝えすると、「そんなこと当たり前」、「うちでも工程はちゃんと決まっている」とおっしゃる社長も多いかも知れませんが、実際にコンサルティングの現場でこの工程を整理していくと、社長が思わず「えっ、そんなやり方でやってんの？」と声を上げる場面が少なくありません。

中には、社内の派閥によって仕事のやり方や使っている材料までが違っていたなんてこともあったぐらいです。

そこまでいかなくても、人によってやり方が違っていて、新しい社員が入ったときに聞く人によって言うことが違うので、その新しい社員が混乱してしまうというのもよくある話です。

こういった、人によってバラバラなやり方（工程）で仕事をするというのは論外ですが、現状のやり方を否定し、制約を取り払ったまっさらな思考で最適な工程を考えることが、キラーサービスを実現するために非常に重要なポイントとなります。

第2章でご紹介した、見積り作成期間に5日もかけていたF社の社員も、それまでやっていた自社の見積り作成の工程を「当たり前」「この方法しかない」と思い込んでいました。なぜ見積りがそんなに長くかかるのかを明らかにするため現行の工程を可視化してみると、外注先からの見積り回答が来るのに時間がかかるということと、複雑な仕事になるとベテラン社員に聞かないと社内コストがわからないという二つの問題があることがわかりました。

そこで、まず外注先からの見積りについては、その都度見積りを取得する必要をなくすという方針で動きました。

各外注先に方針を説明したうえで、さまざまな場合・条件における値段と納期を事前に握り（合意し）、いちいち毎回問い合わせしなくていいようにしたのです。

もちろん特殊な作業で事前に合意することが難しいものもありましたが、その場合は超特急での見積り回答を約束してもらい、そのやり取りも無駄がないように工程の詳細を詰めました。

また、ベテラン社員しかコスト計算ができないという点も、そのベテラン社員の頭の中にしか計算式がないということが問題でしたので、どのような考え方で見積りを作成しているのかをヒアリングし、その公式をエクセルに入れ込んで誰でも見積りがつくれるようにしました。

こうやって書いてみると非常に単純な話なのですが、そもそも「見積りは5日かかるものだ」という思い込みがあったため、誰もそれを見直そうとせず、非常に非効率な仕事のやり方を多くの社員が何年も繰り返していたのでした。

このF社のように、自社の現状のやり方を所与として、それが自社の実力だと勘違いしている会社は数多くあるのではないでしょうか。

現状の工程を「本当にこのやり方でいいのか？」と疑ってかかり、目的に応じて最適な工程を生み出していくことが、「儲かる特別ビジネス」を実現するための仕組み化の第一歩となります。

そして②の「紙」ですが、これは取り決めた工程をしっかり紙に落とすということです。つまりマニュアルをつくるということになります。

いくら工程を決めても、それらをしっかり言語化・文書化せず、社員の頭の中にとどめていたのでは、その工程はいつかあやふやなものになってしまいますし、全社員共通のものとはなりません。

「決めたことは必ず文書化し共有する」

これが仕組み化の鉄則です。

この「マニュアル化」を徹底することにより、業務の「ブラックボックス化」をなくすことができます。言い換えると、仕事が「〇〇さんのやり方」というように属人化せず、会社が取り決めた公式なやり方ができることになります。

そして、このマニュアルが社員を訓練するための教本となります。いくらいい工程を取り決めたとしても、社員がその工程にそって仕事を進められるようになるためには、当然ながら訓練が必要です。

しかし、多くの会社で業務のマニュアルづくりがなされていないため、この訓練がおざなりになってしまうのです。

マニュアルに書いてあるとおりに社員が何度も愚直にその手順を繰り返す――これにより業務を組織として仕組みで廻す体制が出来上がるということになります。

マニュアル化によって事業を飛躍的に伸ばした会社があります。新スタイルの植木屋を標榜する株式会社oh庭ya（おにわや）です。ここでは創業当初、植木職人を雇って植木屋事業をやっていましたが、ある日顧客の声として「植木職人さんはちょっとした作業では呼びにくい」とか、「料金がどんぶりで不明瞭」といった意見が上がってきました。

また、慢性的な職人不足の問題にも直面していた同社は、昔ながらの職人気質の仕事のやり方を一新し、お客様が気軽に頼みやすいサービスを提供しようと考えました。

そこで彼らがやったことは、植木職人のやっていることを徹底的に観察・理解し、それをマニュアル化することでした。

一年かけて完成させた、写真もたくさん入った分厚いマニュアルにより、未経験の若い社員でも作業が行えるようになり、人材確保と一人当たりの人件費の低下を実現させました。その結果、ちょっとした庭仕事でも引き受けられる体制となり、明朗会計で気軽に頼めるサービスとして主婦層からの高い支持を獲得。また、そのマニュアルに沿った業務オペレーションによりフランチャイズ化も実現し、いまでは全国に８０店舗以上を展開するまでに成長しています。

このように、マニュアルをつくることは、一部の「できる社員」だけでなく、どの社員でも業務をこなせる体制づくりにつながるのです。

そして仕組み化３Ｋの最後は③更新です。

これはマニュアルを更新し続けるということになります。この「更新」には社員が日々行う日常更新と、経営幹部が主体となって定期的に一から工程を見直す定期更新の二つがあります。

日常更新の方は、マニュアル上に日々赤ペンで書き込みをおこなうレベルのものを指します。マニュアルが実際に日々使われていれば、例外的事項や注意事項が必ず発生するはずですから、それがマニュアル上に書き込まれているはずです。

コンサルティング開始時にクライアントに現行のマニュアルを見せていただくことがあ

りますが、そのマニュアルがついさっき印刷したような真っ白な状態であることはよくあることです。

聞けば、「随分前につくったが、実際のやり方と違ってきているため、今はマニュアルは使っていない」とのこと。これではマニュアルを作った意味が全くありません。

マニュアルは「教科書兼ノート」と捉え、躊躇なくどんどん赤ペンで書き込んでいき、活きたものにしていく必要があります。

そして、そういった書き込みから、「こういった例外のケースをなくすためにはどのようにすればいいか」「この注意事項を気にしなくていいようにするためには、工程をどう見直せばいいか」とさらに思考し、工程を変更する必要があればどんどん変えていくことです。

マニュアルを作ったからと言って、そのやり方を固定化してはいけません。ビジネスの状況は変わっていくものですから、それに合わせて仕事のやり方も変わっていくのは当然のことです。

また、修正した点をマニュアルに書き残していかなければ、これはまた仕事の進め方が属人化、ブラックボックス化しますから、工程の変更は「会社の決定」としてマニュアルに反映させることが重要となります。

そして、日常更新とは別の定期更新というのは、前述したような「現場発のマニュアル更新」とは別に、経営陣が管理者や現場リーダーとともに現行の工程を一から見直すことをいいます。

キラーサービスをより進化させるためには、当然ながらオペレーションのレベルも引き上げていかなければなりません。戦略優位性とオペレーション優位性は両輪で高めていく必要があります。

そのためには、自分たちが守ってきたやり方を全否定し、そこから思いっきり離れた発想で考えてみる。自分たちのやり方を日々修正しているレベルではなく、そもそも自分たちでやる必要があるのか、というレベルから見直す。こういった根本的な見直しを定期的に実施していくことで、自社のオペレーションは飛躍的進化を遂げる可能性がでてきます。

そしてこれは現場のリーダーが実施するのではなく、経営側でやる必要があります。なぜなら、工程を根本的に見直すということは、新たな設備投資や、内製から外注への切り替え、他社との協業など、経営者でないと判断がつかない事項が出てくるからです。

日々の「カイゼン」と定期的な「改革」は切り分けて考えることが、オペレーション優位性を高め続けるためのポイントです。

組織力を強くする「仕組み化の守破離」

これまでご説明した仕組み化の3Kは「守破離」という3ステップでも説明することができます。そしてこの守破離のサイクルを廻すことが企業の組織力強化に不可欠なポイントです。

この「守破離」という言葉は千利休の

「規矩（きく）作法　守り尽くして破るとも　離るるとても本を忘るな」

という歌からきています。

規矩（きく）作法というのは「物事の規則・基本・決まり事」という意味です。

つまり、仕組み化の3Kでいうと、最初にしっかり業務手順や工程を決め、それをマニュアル化して守っていくことが「守」にあたります。

守るためには当然ながら訓練が必要になることは前述のとおりです。全社員が決められた工程にそって仕事ができるように管理者が訓練することが、まず最初の段階でやるべき社員教育となります。

よく自社のできの悪い若手社員を外部研修に送り出す社長がいますが、これはまったく無意味です。研修後の二日ぐらいはやる気が上がっているかもしれませんが、彼の仕事の質が上がることはありません。

仕事ができない社員はマニュアルにそって「守」を徹底させる。これしかありません。これはスポーツと同じで訓練するしかないのです。

そして「破」とは、マニュアルの日常更新です。ここでのポイントは**「守があってこその破」**ということです。

日々守るべき「守」としての工程がマニュアル化されているからこそ、何が例外ということもわかってくるということであり、これが「守」をすっ飛ばしていきなり「破」の状態になったのではすべてが例外となり、常に場当たりな対応となってしまいます。これでは現場は「破れかぶれな状態」となります。

「守」と「破」は日常でずっと廻していくサイクルです。破っては守り、破っては守りと、日々の実践の中でオペレーションを進化させていくのです。

そして最後の「離」は経営陣がゼロベースで工程を見直す定期更新を指します。この「離」でいかにジャンプできるかが会社の命運を左右するといっても過言ではありません。まじめにずっと自分たちのやり方を守っていては、この変化の激しい時代をリードしていくことはできないということです。

プレーヤーたる社員にはきちんと決められた工程を守らせる。仕事を仕組みで回し、組織の強みとする。そして現場のリーダーたる管理職には「破」を主導させ、常に現場レベルでの改善を促す。そして経営陣は「離」を担い、他社に追いつかれないように定期的に変革を起こす。このメリハリの効いた守破離のサイクルを廻していくことが、会社が継続的に発展するための肝となります。

仕組み化こそ最高の人材育成

よく「マニュアルづくりは社員の個性をつぶす」というような指摘がありますが、これは全くの見当違いです。個人がバラバラに仕事をしたのでは大した成長はありません。外からの影響を受けないからです。仕事を仕組み化することによって組織力が効いてきます。そしてその組織力を強くする中で個人も鍛えられていくのです。

そして、「仕組みをつくる側」である管理者・マネージャーは、歯車を回すのではなく、歯車を作る側に立つことになりますから、言われたことをきちっとこなすプレーヤーとしての能力だけでは通用しません。彼らの仕事には独創性が求められます。ここに仕事の面白みがあります。この喜びを社員に味わわせることです。

人材登用のカギもここにあります。

いちプレーヤーとして成績を上げた「できる社員」を管理者にするのではなく、業務の仕組み化を進められる人間を管理者として登用するのです。つまり、プレーヤーとマネージャーの評価の考え方をしっかり切り分けるということになります。

具体的にどんな人材を管理者に登用すべきかというと、自分のことだけでなく周りを見渡せる視野の広さと、高いコミュニケーション能力、そして業務の仕組みを組み立てられる論理的思考力を備えた人物ということになります。

そういうと、「うちにそんな人材がいたら苦労しない！」「中小企業にそんな優秀な人材は入ってこない！」といった声が聞こえてきそうです。

しかし、心配はいりません。これは鶏が先か卵が先かというような話になりますが、**業務を仕組みで廻すようになると、結果的にそういった人材が育つようになる**のです。ですから、あくまでそういう素質があるという人物を選ぶということで大丈夫です。

なぜ業務を仕組みで廻すとそのような管理者が育つのかというと、**仕組みをつくるという取り組み自体が人材トレーニングそのもの**だからです。

仕組みをつくる過程で、その仕組みによって何を達成するかというゴール思考、目的思考を常に持つことになりますし、社員の現状の働き方を観察したり、それを理解しようとヒアリングしたりする中で、観察眼やコミュニケーション能力も鍛えられます。そして、どのような仕事の工程がベストかと知恵を絞る中で思考力も身についていくというわけです。

人材が育つという点では、仕組みをつくる管理者の側だけではなく、一般社員の育成の観点でも仕組み化は大変有効です。

仕組み化ができていないと、それぞれの社員が「よかれ」と思うやり方で思い思いに仕事を進めていきます。正しいやり方や手順というものが決まっていないですし、社員間の連携も取れていませんから、自分が非効率なやり方をしていたとしても、特に周りからツッコミが入ることはありません。

また、あらかじめ手順が決まっていないと、「えー、これはどうするんだったかなー?」

と社員がその都度やり方を考える必要が出てきたりします。考えていればまだいいのですが、単に悩んだり、人に聞いたりして無駄な時間を使ってしまうということが非常に多くなります。そして、そのやり方がよくなくてミスが起こったりしても、それを記録する習慣もありませんから、また同じミスをやってしまいます。

このように、仕組み化ができていないと、本来必要のない無駄な時間を使ったり、同じミスを繰り返したりということが生じるようになります。

それが、仕事を仕組みで廻すようになると、守るべき手順があらかじめ決められていますから、無駄な時間を使うことなく、すんなりと業務に入ることができます。

しかも、業務を仕組みで廻すようになると、他の社員らとの連携で仕事を進めることになりますから、全体の中での自分の役割を意識するようになり、広い視野と責任感をもつようになります。

こうなると、職場にいい緊張感が出てきます。そして、個々がバラバラに仕事をした場合に比べて圧倒的に成果が出るようになります。そしてその成果が社員のモチベーションを高めるという好循環となるのです。

御社では規矩（きく）作法としての工程の言語化、そしてそこからの「守破離」のサイクルは機能していますでしょうか？　個々の社員がいきなり「破」の状態になってしまっていないでしょうか？

ぜひ「守破離」を通したオペレーション進化と組織力の向上を実現していきましょう。

第5章

多くの会社がやってしまっている、会社を衰退させる3つの間違い

その戦略が会社をダメにする！

さてここで、特別ビジネスを売っていくためのセールス戦略についてご説明する前に、多くの経営者がよかれと思ってやってしまっている「戦略上の間違い」についてお伝えしておきたいと思います。

儲かる事業をつくるためには、当然ながら事業戦略をしっかり組み立てることが必要です。戦略の構築なしにやみくもに戦術レベルの打ち手を繰り出していったところで、事業で成功することは難しくなります。

儲からずに苦しんでいる会社には、戦略レベルの「大元の考え方」がズレてしまっているために、なにをやってもちぐはぐになってしまってうまくいかない…という状態に陥ってしまっているところが非常に多いです。

実際、過去に当社にご相談に来られた経営者でも、商品やサービスを見直したり、新たに営業マネージャーを採用したり、ブランディングを変えてみたり、ウェブマーケティングの新しい仕組みを導入したり…と、実に様々な打ち手を講じられた末に、なにか根本的に間違っているのではないか、と思われてご相談に来られた例が数多くあります。

これはある意味仕方のないことでもあります。中小企業の経営者は日々の業務のかじ取りに忙しく、事業戦略をじっくり考える機会をもつということもままならないケースが多いでしょうし、そしてなにより、戦略を考えるといっても何をどういうふうに考えたらいいのかわからないということもあると思います。

では、そんな経営者はちゃんと時間をとって、あらためて経営戦略の理論を勉強した方がいいのでしょうか…？

これは、答えは「ＮＯ」です。その理由は、第１章で「経営者はマーケティングを学ぶべきではない」とお伝えしたのと同じで、いま講座や本などで伝えられている経営理論やフレームワークといったものは、八十年代のアメリカで流行ったような非常に古い理論がベースになっており、今の時代とはまったくそぐわないものだからです。

実は私はミスミに入社する前、いまから十数年前に、自腹で大金をはたいて米国コーネル大学というアイビーリーグの名門校にＭＢＡ留学をしたのですが、そこで教えられていた経営理論は、現場で中小企業の経営に携わっていた私の感覚からするとすでに「これは使えない」と感じるものでした。

そして、そういった内容が少なくとも日本ではいまだに経営講座やビジネス本などで伝えられていますが、時代が急速に変化している現代においては、そういった古い理論は役に立たないばかりか、それを鵜呑みにしては経営を悪化させてしまうことになりかねません。

たとえば、経営戦略やマーケティングの講座で必ず出てくるフレームワークに『3C』というものがあります。経営戦略を立てるには3つのCについてちゃんと分析し理解せよ、というものです。

その3つのCとは以下を指します。

Customer（顧客）
Competitor（競合）
Company（自社）

つまり、ターゲットとする顧客のニーズを理解し、競合他社の動態や強み弱みを把握し、そして自社の強み弱み（シェア、コスト競争力、ブランド力、組織力など）を分析した上で勝てる戦略を立てよ、というわけです。

このフレームワークは大前研一氏が八十年代につくったもので、発表以来世界中で評価され使われてきましたが、いまやこういったものが役に立つのは、大企業での新人研修や経営企画室などでの資料づくりの時ぐらいなものでしょう。

この「3C」の文脈でいうと、経営者が本当に考えないといけないのは、

・どうやって顧客の期待をいい意味で裏切るか？
・どうやって競争を無力化させるか？
・どうやって自社が唯一無二の存在となるか？

ということです。

これらを実現するためには、こんな3Cで言われているような顧客分析・競合分析・自社分析にいくら取り組んだところで意味がありません。

意味がないどころか、この3つのCを真面目に分析したのでは、事業はどんどん悪化する可能性があります。

結論からお伝えすると、多くの会社が良かれと思ってやっている、

・顧客のニーズや要望に応えることも、
・競合を強く意識することも、

・自社の弱みを克服することも、
やってはいけないのです。

そんな馬鹿な！　と思われるかもしれませんが、ここの考え方をしっかり押さえることは、中小企業が事業を伸ばす上で非常に重要となりますので、ぜひ読み進めていただきたいと思います。

それでは、事業を衰退させる「3つの間違い」について、順を追ってご説明していきます。

1.顧客のニーズや要望に応えるな！

「3C」の出発点は「顧客の分析」から始まります。見込み客の望んでいることをよく理解し、それに応えるビジネスを提供せよ、というわけです。

実際、「顧客満足度」という言葉が重視されているように、多くの企業が「いかに顧客の満足度を上げるか」との意識で顧客のニーズや要望に応えようと努力するわけですが、そうすればするほど儲かるビジネスからは遠ざかってしまうのです。

なぜ顧客のニーズや要望に応えるとビジネスが駄目になるのか？ その理由は3つあります。

まず一つ目の理由としては、

すでに顧客が気づいているニーズは、おそらくほかの誰かでも満たすことができるということです。

こういった、すでに明らかになっているニーズを「顕在ニーズ」といいますが、そのような世の中ですでに認知されているニーズというは、たいていの場合競合他社もそれに気づいており、そしてすでに解決策も持っているものです。

そうなると、顧客の方には複数の選択権がありますから、価格競争になりやすいということになります。

それに、そのような「他社でも解決できるようなニーズや困りごと」を解決したとしても、それで得られる「顧客満足度」は大したことはなく、それなりのものにとどまります。

これは、世の中でどんな商品やサービスがヒットしているかを見ればわかります。

例えば、近年で大ヒットした商品の代表例はやはりｉＰｈｏｎｅでしょう。なぜｉＰｈｏｎｅがこれほどまでにヒットしたのか？　それは、誰も気づいていないニーズを満たすことに成功したからです。

ｉＰｈｏｎｅが登場する前までは、「ネットや動画視聴ができて、音楽や写真も残しておけて、いろんなアプリも使えて、位置情報も特定できて…」なんてことを電話に求めていた人はいなかったはずです。(唯一求めていたのはスティーブ・ジョブズですね)

そのような、顧客も競合も気づいていないニーズに気づかせ、そしてそれを満たすことができれば、これは「ライバル不在の自作自演ビジネス」となりますから、高収益を得ることができるわけです。

高収益といえば、日本の高収益企業の代表格としてよく挙がるのがキーエンスです。「営業利益率50％越え」という驚異的な収益を上げ続けている会社ですが、同社がそんな高収益を得ている理由も、彼らが「顧客のニーズに応えない」からです。

同社は営業が強いことで知られていますが、営業マンが何をやっているかというと、まず徹底的に顧客ヒアリングをして顧客のニーズを吸い上げます。

「ほらやっぱり顧客ニーズに応えているじゃないか…」と思うのは早計です。彼らはそのニーズを満たしにいかないのです。

同社のポリシーは「顧客が欲しいというものは創らない」というものです。つまり、営業が吸い上げた顧客ニーズの裏を読み、そのニーズや課題を「根本的に」解決するのは何か？何が顧客にとって「本当に」必要なものなのか？そういった「潜在ニーズ」をさぐり、それを満たす商品を開発していくのです。

そういった「ニーズの裏のニーズ」、あるいは「一歩も二歩も先のニーズ」を満たす提案をすることによって、彼らは他社と価格競争にならない独自のポジションを確保することに成功しているということです。

なぜ御用聞き営業では駄目なのか？

他社でも対応できるような顕在ニーズをいくら拾っても儲からない——これはいわゆる「御用聞き営業」をやってはいけない理由でもあります。

この点も含めた「儲かるセールスのやり方」については次章で詳しくお伝えしていきますが、「何かお困りごとはないですか？」というような御用聞き営業では、基本的に顧客がすでに気づいているニーズしか拾えないため、それに応えられたとしても顧客満足度は知れていますし、顧客側に選択権がありますから値段も叩かれる…ということになります。

仕入先・購入先を見つけるのが大変だった過去と違い、情報化が進み、ネットで検索したらすぐにサプライヤー候補が見つかる現代においては、御用聞き営業もそうですが、ただサプライヤーをいっぱい持っているだけの商社や問屋も、その存在価値はどんどん減ってきています。顧客の欲しいものをただ届けていては、儲かるビジネスにはならないということです。

「儲かる特別ビジネス」を構築するポイントもここにあります。顧客がすでに欲しいと思っているものを提供するのではなく、顧客もまだ気づいていないニーズや困りごとに気づかせ、そこを解決するキラーサービスを提供することができれば、これは一気にビジネスの幅を広げることができます。

第3章でご紹介した、燃料・潤滑油販売業を営むY社の「オイルコンサルティング業」への転換もこれを狙ったものです。

顧客は機械設備を持っている以上、オイルが必要であるということはすでに分かっています。その顕在ニーズを満たしにいっても意味がないのです。

私はY社でのコンサルティングの中で、社員の皆さんに「今後オイルは売らないでください」とお伝えしました。

もちろんこれは比喩的な表現であって、Y社がオイル販売を止めるべきだと言ったのではありません。オイルを売るという意識を捨てるという意味です。

では何を売るのかというと、それは「機械設備の寿命とパフォーマンスの最大化」です。でもそのニーズも顧客は気づいているんじゃないの？と思われるかもしれません。たしかに機械設備を持っている会社であれば、その寿命やパフォーマンスを伸ばしたいと当然思っていることでしょう。

では何に気づいていないのかというと、「オイルの選び方や使い方ひとつで機械設備の寿命やパフォーマンスが大きく変わってくる」という事実です。

これは言い換えると、「自分たちのオイルについての知見が足りないばかりに、せっかくの機械の寿命やパフォーマンスを犠牲にしてしまっている」ということに気づいていないということです。

これは経営者にとっては重大な問題です。社長は現場でどんなオイルを使っているかなんてどうでもいいと思うことでしょうが、自社が投資した機械設備がちゃんと動いてくれるか、どれだけ持つか、ということに関しては当然気になります。

そのような経営上大事な問題に気づかせてくれて、かつそれを解決してくれるY社は、他の単にオイルを販売する業者とは一線を画す存在となることができるということです。

下請けがいつまでも苦しい理由

さて、顧客のニーズや要望に応えるとビジネスが駄目になる理由の一つ目として、「すでに顧客が気づいているニーズは、おそらくほかの誰かでも満たすことができるから」ということについてご説明してきました。

そして、二つ目の理由としては、

顧客の要望通りに対応することは、作業の下請けになりがちだからです。

そして、この下請け部分が増えるほど儲からなくなるのです。

この点をご説明するにあたり、私自身が痛い目にあった経験についてお伝えしたいと思います。

第1章でお話しした米国テキサス州の産業用シュレッダー製造会社ですが、この会社では工場の生産性のほかに、もっと大きな問題を抱えていました。

産業用シュレッダーというのはベルトコンベヤーなどの付属設備を合わせると、1台(1プロジェクト)で数億円もするのですが、受注の方は好調で、会社設立後2年目には年間5~6プロジェクトを獲得できていました。

しかしながら、肝心の損益の方は、どのプロジェクトもほとんど利益が出ていなかったのです。

何が起こっていたかというと、こちらが販売していたシュレッダーマシンの「標準モデル」が基本的な機能のみを備えたベーシックなものであったために、受注後に顧客から膨大な数の仕様変更やパーツ追加の依頼が入っていたのでした。

例えば、最初に販売した標準モデルが2億円で、仕様変更などを経て最終的に納入した価格が5億円というように、顧客からの要望による追加の部分が大きく膨らんでいました。

これではまるで、カローラの注文を受けてレクサスを納入していたようなものです。

そして、その追加の2億円の作業が大きく赤字となっていたのです。

この追加作業の部分は、１００％顧客の要望に従ってこちらが作業しますから、やはり下請け作業となります。

そして、下請けが儲からない理由はシンプルです。それは、

「下請けには企画・提案の余地が少ない」

からです。

基本的に顧客の要望通りに製作をしているのですから、企画・提案しているのは顧客の方となり、こちらは製作代金しか取れなくなります。そして製作というのは第２章でご説明したスマイルカーブの底の部分ですから、付加価値が取れないのです。

当社のクライアント企業でも顧客の図面通りに特注対応をする加工業の会社は多いですが、彼らが最初のご相談時に共通して抱えておられた悩みは「忙しいのに儲からない」ということです。企画・提案の部分を押さえなければそういう状態に陥ってしまうということになります。

さて、このシュレッダーマシンの追加作業分が赤字となっていたのは、それが基本的に下請け作業だから、ということのほかに、もうひとつ大きな理由がありました。

これが、顧客の要望を聞いては儲からない３つ目の理由となりますが、それは、**顧客の要望を聞くと「はじめての試み」が多くなってしまうから**です。

このシュレッダーマシンの仕様変更についても、基本的には「はじめての試み」になりますから、当社のエンジニアが何度も何度も面談や電話で顧客と打ち合わせを繰り返していました。設計変更も何度もありました。また、材料費や加工賃の見積り作成、材料の調達先の発掘と交渉なども出てきます。そして、それらの作業にかかる人件費はすべて当社の負担でした。

また、不慣れな加工も発生しますから、加工ミスの修復ややり直しも多く発生し、見積った加工時間を大幅に超えてしまうということも頻繁に起こっていました。当然ながら、このような当社のミスによる追加作業の費用も顧客にはチャージできません。

このように、顧客からの要望に応える場合に発生する「はじめての試み」では、事前の仕組み化が十分に行われず、「イレギュラーをイレギュラーのまま対応する」ということになりますから、非効率な動きとなってしまい利益が残らないということになってしまうのです。

儲ける秘訣は「特注のようで標準」

では、顧客の要望にはまったく対応せず、常に「標準品」を販売するのがいいのかというと、そうではありません。

いま、時代はカスタマイズです。家電、住居、ファッション、飲食、日常サービス…ありとあらゆる商品やサービスの領域において、顧客がカスタマイズできるものが多くなってきています。

たとえばスタバでは材料やトッピングをいろいろと追加・変更できるところが若者に受けています。また、いきなりステーキでもツウの間で人気のいろんなカスタマイズがあります。

スーツも最近はカスタムオーダーが全盛で、いろんな紳士服メーカーが低価格・短納期でカスタムオーダーできるサービスを開始していますし、あのユニクロでもスーツを2000通り以上の膨大なサイズパターンから選べるオーダーメイドサービスを開始して、安くてもフィット感にこだわる新たな顧客層を獲得しています。

こういった特注やカスタマイズの人気も、世の中のニーズが限りなく多様化・細分化された小さな物語の時代の特徴と言えるでしょう。

このような時代に、こちらが用意した「標準品」一点張りでは顧客には刺さりません。

しかし、顧客の要望をすべて聞く完全な特注やカスタマイズにしてしまっては、前述のとおり「はじめての試み」となってしまいますから儲からなくなります。

たとえばスタバでお客様からいきなり聞いたことのないようなカスタマイズを頼まれたとしたら、それはもう大変です。どうやって作るか、値段はどうするかなど、いちいち店員が集まって相談しなくてはなりません。

ではどうすればいいのか？　その答えは、**「特注のようで標準」を提供すること**です。つまり、事前に企画された数多くの「標準」を組み合わせることで顧客の多様なニーズにこたえるのです。

スーツのオーダーもそうなっています。カスタマイズと謳っていますが、大半は実はセミカスタマイズ（イージーオーダー）で、ベースの型紙は数種類しかありません。前述したユニクロのオーダーもキャッチコピーは「オーダーメイド感覚」です。つまり「特注感覚の標準」ということです。

いま特注対応をやっていて「忙しいのに儲からない」と悩んでいる企業は、ここが儲かる事業に転換するための非常に重要なポイントです。

特注対応といっても、顧客にフリーハンドで仕様や規格を決めさせると大変です。毎回の受注がすべて「ゼロからの対応」となり非常に手間や工数がかかるだけでなく、量産が効かないためコストが高くなります。

そうではなく、**過去に特注で受けた一点一点異なる注文の共通部分を見出し、それを「標準化」する**のです。それができれば、顧客にとっては特注のようでこちらにとっては標準という状態を作り出すことができます。

これをやって大儲けしたのが、私が勤めていたミスミです。同社は一品一品特注で受けていた金型部品の標準化を進め、その標準規格をカタログによって広く普及させました。それにより全国の金型設計者がその「ミスミ標準」を採用するようになり、ミスミは効率よく作れ、顧客は低価格・短納期を享受できるというＷＩＮ－ＷＩＮの状態をつくり、事業を一気に飛躍させることができたのです。

また、日本の高収益企業の代表格であるキーエンスも、コストのかかるカスタム品を減らし、標準品の組み合わせにより顧客の固有のニーズを満たしながらも、突出した利益率を確保しています。

このように、「標準化」により自社の規格をもち、それを組み合わせて顧客の特注ニーズを満たすことができれば、これは下請けではなく自社が「企画・提案」を握るということになりますから、こちらが主導権をもち、利益も確保できるということになります。

前述したシュレッダーマシンの件にしても、想定される「よくある仕様変更」をあらかじめ標準化しておき、こちらから「追加オプション」として顧客に提示していれば、度重なる追加修正は防げたはずであり、また利益もしっかり残っていたことでしょう。

実は、この「標準化」は多岐にわたる業種や業界で取り入れられています。自動車の生産も近年はモジュール生産といって、モジュールと言われるユニットを組み合わせることによって生産を簡素化・効率化することに成功しています。

また、そういった工業製品だけでなく、個人向けのスモールビジネスなどでも標準化で成功する余地は大いにあります。事実、当社の事務所の近所にあるケーキ屋さんでさえ、ケーキのベースを標準化することにより、手間を抑えながらさまざまな種類のケーキを提供することに成功しています。

ニーズが限りなく多様化した今の時代にビジネスでしっかり利益を出すためには、この「標準化」の手法を取り入れることは必須と言えるでしょう。

ポイントを外した標準化は命取り

顧客の要望に限りなく応えながら利益もきっちり残す――標準化はそれを実現ための強力な手法であるとお伝えしてきましたが、そんな標準化を進めるにあたって気をつけるべき重要な点があります。それは、標準化と言っても「単なる標準」にしてしまっては意味がないということです。

ポイントは前述のとおり「特注のようで標準」を提供することにありますから、「特注感」「カスタマイズ感」がしっかり残せていないと、顧客からは非常につまらないものに見えてしまいます。

よくある失敗例は、顧客のニーズが十分カバーされていない標準品をホームページやカタログに表示し、「これ以外は特注になります」と謳うパターンです。このようなやり方では結局特注しかこないか、あるいはその標準ラインナップを見た顧客が「これは駄目だな」と思って逃げてしまうということが起こり得ます。こうなってしまってはビジネスは終わりです。

特注と標準という相反するものを、絶妙なバランスで融合させ、顧客に「ちゃんと自分に合う」という安心感やフィット感を持たせることが非常に重要です。

そのためには、何を標準として何を特注（可変部分）とするかとか、カスタマイズできることをどのように見せるかとか、価格設定はどのようにするかとか、いろいろと考えるポイントがあります。

この辺りは非常に重要かつ、難しい面が多いので、当社では定期的にセミナーも開催しています。ご興味のある方は当社のウェブサイトなどをご参照ください。

標準化はビジネスを一変させる大きな武器となり得ます。顧客のニーズにしっかり応えながらも、こちらが主導権を握れて利益も出せるという、ＷｉｎＷｉｎの関係を築くことができます。だからこそ、正しい理解をした上でいい方向に活用してください。

2. 競合を意識しすぎるな!

さて、3Cの2つ目は「競合を理解する」——つまり、競合他社の動態や強み弱みを把握したうえで、彼らに勝てる戦略を考えよ、というものです。

これは確かにそうです。自分たちが戦っている相手がどんなことをやっているかわかっていなければ、USPだ！差別化だ！と声高に叫んだところで実は彼らも同じことをやっていた、なんてことにもなりかねません。

ミスミでも競合の動きは非常に意識していました。当時の社長である三枝匡氏は「不信会社に必ず見られる特徴は、社員が競争相手のことを知らないこと」と常に言っていたほどで、社員による事業戦略の説明に競合分析が入っていなかったりした日には、社員はそれはそれは鬼のように叱られたものでした。

しかしながら、実は競合を意識しすぎると事業はどんどん駄目になってしまうのです。これが、第1章でもお伝えした「差別化の罠」です。競合と差別化しようとすればするほど、彼らと戦い方の軸が同じになってしまい、差をつけているつもりが似てしまっているということが起こるのです。

これを現代思想では**「類似は差異に先立つ」**といいます。つまり、「差がある」ということは、その前に「似ている」ということになります。なぜなら、「地球」と「コップ」が比較できないように、まったく似ていないものはそもそも比べようがないからです。

私が所属していた当時のミスミもこの落とし穴にはまっていました。競合が商品点数で上回ってきたなら、すぐに新商品を追加しカタログを発刊したり、価格で負けているとの情報が上がってきた場合にはすぐに営業による追加値引きでの奪回キャンペーンを打ったり…。

しかし、いくら競合を価格の安さや納期や商品点数などで上回ったとしても、彼らと同じ戦い方をしている時点で「似てしまっている」のです。差をつけた！と満足しているのは自分たちだけで、俯瞰して見れば、どちらも**「同じ穴の狢（ムジナ）」**、正面からぶつかってしまい、勝者のいない消耗戦となるだけです。

ブルーオーシャンなんてない

第1章で「ポジショニングマップを使って自社のポジショニングを考えるほど、戦い方の軸が競合他社と同じになってしまう」とお伝えしましたが、競合と似てしまわないためには、競争の軸をずらしていく必要があります。

これは、極端な言い方をすると、顧客から見て「他社に競り勝っている」と思われたら駄目ということです。

「競り勝っている」ではなく、「あそこは他社とは勝負していない」と思われるようでないと、本質的な差別化はできていないということになります。真っ向勝負を避け、敵とまったく違う戦い方をしながらも必ず勝つ。そんな「無敵」の状態をつくることができれば、ビジネスは最強となります。

このようにお伝えすると、「それってブルーオーシャン戦略ですね？」と言われることがあります。競争の激しいレッドオーシャン（血の海）の市場を避けて、競合のいないニッチなブルーオーシャンで戦えというものです。

しかし、そんな平和で静かな青い海の市場などあるのでしょうか？ もしあったとしたら、そこには敵だけではなく顧客すらいない可能性が高いです。そんな市場でいくら頑張ってもビジネスの広がりは期待できません。

あるいは「中小企業はニッチ市場をゲリラ的に狙え」という「ランチェスター戦略」というのもありましたが、これだけニーズが多様化・細分化した今の時代においては、マス市場とニッチ市場というような分け方自体がもはや適切ではありません。

言ってみれば、いまや市場が「総ニッチ化」しており、しかもどの市場も競争が激しい「小さいレッドオーシャン」で埋め尽くされているような状況ですから、「ニッチ市場を狙え」と言う提言はもはや何も言っていないに等しく、意味をなさないのです。

大事なことは、敵のいない市場を探し求めるのではなく、市場での戦い方を変えることです。言うなれば、**競合他社が海上で競り合っているところに、自分だけが陸に上がって丘から大砲をぶっ放す**…そんなポジションを取るということです。これなら有望な見込み客がいるレッドオーシャンでもしっかり戦えます。

これは、第2章でお伝えした「事業の定義を抽象度を上げて考える」ことと同じことです。競合と同一線上に並んだまま水平方向に差別化するのではなく、彼らの戦い方よりも一段上へ行く。そうすることで、まったく異なるアプローチで市場を攻めることができるのです。

競争を避けつつ競争に勝つ

事実、特別ビジネスを構築した当社のクライアント企業の多くは、競争の激しいレッドオーシャンで戦いながらも「無敵」のポジションを築いています。

東京と京都で英会話スクール事業を展開しているT社もそのうちの一社です。

皆さんもご存知のとおり、英会話業界は「超」がつくほどの過当競争です。どこもかしこも「ネイティブ講師・少人数・格安」を訴え、なかには「お試しレッスンが十回受けられる」という、もはや何がお試しだかわからないようなオファーも出ているぐらいです。

さらに最近ではオンラインでのネイティブによる格安レッスンなども濫立してきており、お手軽に英会話レッスンを受ける環境はこれ以上ないというぐらい整っています。

そんな中、T社は「日本人講師・グループレッスン・高額」という業界の常識からは真逆の打ち出し方ながら、「抜群に英語がうまくなる」と大評判となり新規受講生が絶えない状態となっています。

彼らのレッスンの最大の特徴は「レッスン初日でネイティブの発音が出せるようになる」というものです。

英語の発音というのは「上級者向け」とか「帰国子女でないと難しい」といったイメージがあると思いますが、実際はまったくそうではなく、大人の初心者でも身につけることができ、かつ最初に取り組むことでそのあとの英語上達スピードがまったく変わってきます。実際、英語の発音をマスターしたら、映画を字幕なしで聞き取ることぐらい難なくできるようになります。

そして、そんな発音の習得は椅子に座っていてはできません。欧米人と日本人では発声するときの身体の使い方や呼吸法がまったく異なるため、実際に身体を動かしながら、文字通り「体得」する必要があるのです。

また、発音と同様に英語話者を目指す人が真っ先に学ぶべきことは「英語ネイティブの頭の使い方」です。実は日本語と英語では言語構造や文化的背景がまったく異なるため、英語ネイティブは考え方や発想が日本人とはかなり違います。ここを押さえておかないと、いくら英会話の構文を練習したところで英米人と意思の疎通ができないのです。

こういった、多くの英語学習者が知らない真実を、T社は2時間のセミナーで見込み客に伝え、非常に高い確率で本講座の受注につなげています。第3章でお伝えした「売ろうとしていないのに圧倒的に売れる」という状態です。

T社の経営陣に世の中に数多ある英会話スクールと戦っている意識はありません。顧客も競合も気づいていない英語学習の本質的なアプローチを広め伝えるだけで、「1レッスンいくら」という競争とは無縁の世界で生きられるのです。

中小企業がシェアを取りに行くと死ぬ理由

競合も顧客もいない青い海でチマチマやってもしょうがないという話をしましたが、一方で、今の時代に「トップシェアを狙う」という考え方は非常に危険です。

大企業出身のコンサルタントなんかがいまだに「トップシェアを狙える商品を開発しましょう」などと指導していたりしますが、この発想は完全に時代遅れ。中小企業がこれをやってしまうと、下手したら会社が破滅する事態もありえます。

なぜトップシェアを狙ってはいけないのか？

その答えは単純で、**トップシェアを狙う発想をもった瞬間に、広く誰にでも受け入れられるような、ありきたりな商品をつくってしまうから**です。

つまりこれは、本章で前述した「顕在化したニーズを取りに行く」発想です。

過去の大きな物語の時代であれば、そういったニーズを取りに行って競合と価格競争になったとしても、需要が大きいですから量がさばけ、量産効果が効いて利益を確保することができました。

しかし、再三お伝えしているとおり、いまの小さな物語の時代においてはそんなマス市場など存在しませんから、そんな「すぐに売れそうな商品」を投入し、たとえ価格を下げて競合に競り勝ったところで大して量が出ずに儲からない…という状態に陥ることは目に見えています。

つまり、トップシェアを取りに行っても疲弊するだけで、なんの旨味もないということです。

市場シェアを取りにいって儲からずに苦しんでいる「業界トップ」企業はいま多くの業界でみられます。

たとえば家電業界。売上高でダントツトップのヤマダ電機は経常利益率3％前後なのに対して、業界4位のヨドバシカメラは約9％の利益率を誇り、ヤマダ電機の半分の売上で同社を上回る利益を叩き出しています。業界5位のケーズデンキも経常利益率6％弱と、収益性ではヤマダ電機を大きく上回っています。

この利益率の差はもちろん、戦い方の違いです。ヨドバシカメラはヨドバシ.comで当日着出荷を打ち出すことによりウェブでの販売比率を高め、店頭での「特別値引き」を回避しています。ケーズデンキも郊外出店に特化し、顧客対応にじっくり時間をかけることで、顧客満足を高めて値引き競争から抜け出しています。

この三社で比較すると、値引きしてトップシェアを取りにいっているヤマダ電機だけが儲からずに苦しんでいるということになります。

ここに大きな示唆があります。まったく同じ商品を売っていても、ビジネスの切り口の違いで利益は大きく違うということです。

第1章で「売上と利益では発生する理屈が異なる」ということについて書きましたが、シェアを取りに行くというのは「(利益ではなく)売上を取りに行く」ということに他なりません。

市場シェアの拡大を目的としてしまうと、すでに顕在化しているニーズを取りに行く発想にどうしてもなってしまいます。すぐに売れそうなものを出そうとしてしまうのです。

いまのようにニーズが目まぐるしく変わり、商品のライフサイクルが短命化した時代において、「いま見えているニーズ」を取りにいくことほど危ないことはありません。「すぐに売れそうな商品」は「すぐに売れなくなる商品」なのです。そんな商品を開発費をかけてつくってしまったらどうなるか…。在庫の山を最安値で処分するという、よくある末路が待っているだけです。

昔から、爆発的なヒットを飛ばした商品というのは、事前の市場調査や社内での検討では「そんなの絶対売れない」と言われたものばかりです。その理由は、その時点ではまだその商品に対するニーズが顕在化していないからです。

「市場でトップシェアを取りに行く」——はじめからこの発想で見えている市場を取り

に行くことは、真っ赤に煮えたぎるレッドオーシャンに自ら飛び込んでいくようなものです。

それは昔の大企業がとった戦い方であり、彼らが「大きな物語の時代」の終焉とともにつぎつぎと倒れていったことは皆さんもご存知のとおりです。そんな大企業でも耐えきれなかったマス戦法を中小企業がたどって勝ちきれるはずがありません。ボロボロになるだけです。

時代錯誤の「シェア至上主義」など捨てて、「競合と戦わずして勝つ」ポジションを築いていきましょう。

3.自社の弱みを克服するな!

さて最後は、競合と比べて自社が劣っているところをいくら強化しても意味がない、というお話です。

「自社の弱いところを直して何が悪いんだ!」と思われるかもしれませんが、この点を理解しておかないと「いろいろやっているのに業績は良くならない」という状態が続いてしまうことになりかねません。

まずお伝えしたいことは、**「その弱みは本当に弱みなのか?」**ということです。

強み弱みと言うのは当然ながら何と比べるかで変わります。そして、多くの経営者が間違った比べ方をしてしまっているのです。

間違った比べ方というのはどういうものかというと、例えば、自社が「価格」や「立地」では勝負していない、そこが自社のUSPでも何でもないのに、「競合のこともちゃんと分析しておかないとな…」と思い、彼らと比べて「価格は確かに負けているなあ」「立地も競合の方が便利だなあ」と考えてしまうということです。

例えば前述した英会話スクールを営むT社は、他の有名な駅前スクールに比べると価格は高いし、立地に関しても駅の真ん前というわけではありません。

しかし、それがT社の弱みかというと、まったくそんなことはないわけです。

よく「商売は立地が大事」と言われます。しかしこれもまったくの勘違いです。その証拠に、かつて「駅前留学」と謳っていた某大手英会話スクールは一度潰れています。

また、私は仕事やプライベートで毎月京都に行っていますが、京都の中でもすごく立地のいいところについこの前にオープンしたばかりの店が、つぎに通ったときにはもう店じまいしているというケースが後を絶たないのです。

逆に、もし、

「一泊二日で十キロ痩せられるワークショップ」、
「八割の確率で結婚相手が見つかる婚活パーティー」、
「一回の施術で発毛する育毛サロン」

なんかがあれば、悩んでいる人はどんな山奥だろうとそこに行くのではないでしょうか。

英会話も同じで、Ｔ社は「一発でネイティブの発音が出せるセッション」を提供しているのですから、立地は逆にもっとへんぴなところにあってもいいぐらいです。

競合とはまったく違う戦い方をしているわけですから、彼らの戦い方に付き合う必要はさらさらないということです。

ＳＷＯＴ分析は過去の遺物

昔からある有名なフレームワークにＳＷＯＴ分析があります。これは一度は目にされたり、実際にやってみられた方も多いのではないでしょうか。

自社の「強み」「弱み」「脅威」「機会」の４つを分析するというものですが、これまでの説明を踏まえると、このＳＷＯＴ分析もいかに意味がないか…ということは容易にご理解いただけると思います。

自社が何で勝負するか、どんな強みをもった会社を目指すのか、といった戦略レベルでの方針が固まっていない会社が、頭に浮かんだめぼしい競合と比較して強みや弱みを箇条書きで書き出したところで、なんとなく４つの箱に文字が埋まって何か考えた気になるだけです。

そんな分析(?)はまったく意味がないどころか、事業をダメにする可能性すらあります。その理由は、第1章でお伝えした、ポジショニングマップというフレームワークが害悪である理由と同じです。こういったフレームワークで競争を平面的に捉えると、競合とどんどん似てしまうからです。

例えば、私は車はスバル車が昔から気に入っていて、かれこれ5台も乗り継いでいます。その理由はなんといっても力強い走行性にあります。どんな山道でもグイグイ進んでくれます。

しかし、もしそんなスバルがSWOT分析をしてトヨタと比較したらどうなるでしょうか。車体価格も、燃費も、内装も、座席の快適性も、おそらくトヨタには及ばないという判断となり、スバルの「弱み」と書き出されることでしょう。

そして、万が一スバルがその「弱み」を直す方向に力を注いでしまったらどうなるか…?

これは、間違いなく何の面白みもない車が生み出されてしまうことになります。

他社と劣っているところを「弱み」や「脅威」と定義し、そこを直していけばいくほど、つまらない会社になってしまうわけです。

この「悪いところを直す」というのは、昔から日本人に染みついている考えです。我々はつねに「皆と同じ」であることが正しいと教育されて育ちます。これは親の教育然り、学校教育然りです。

いまだに地毛が茶色の生徒に黒染めさせる学校も数多くあるというから驚きます。そんな「同質性を求める習性」は日本社会に蔓延しています。

例えば、野球の野茂英雄選手が、近鉄時代に球団から執拗に投球フォームを変えるよう求められたことも、悪い意味でとても「日本らしい」出来事です。

仰木監督の後を引き継いだ鈴木監督は、野茂選手の奪三振の能力よりもファーボールの多さが気に食わず、フォームを改造してその「弱点」を克服させようとしたのでした。

それが嫌で野茂選手は日本を飛び出してアメリカに渡ったわけですが、その後メジャーリーグで数々の伝説を打ち立てたというのは何とも象徴的です。

顧客がお金を払う理由をつくる

この鈴木監督のようなことが、ビジネスにおいてもあちこちで繰り広げられています。例えば、当社に個別相談にお越しになる社長もこのようにおっしゃる方がたまにいらっしゃいます。

「いや、いろいろ手は打っているんですよ。営業の方はターゲットの見直しをやっています。マーケティングも広告媒体を変えてみました。あとやっているのは工場内の5Sです。これは外部の先生に来てもらっています。やっぱりロス率を減らしていかないと…。でもさすがにISOまでは手が回りませんがね。あとウチの問題はなんといってもコミュニケーションですね。報連相を徹底しろと何度も言っているんですが…」

このように、いろいろと忙しく活動はしているのだが、肝心の業績の方は一向に上がってこないというわけです。

ここまで極端ではないにしろ、本書をお読みの経営者の方にも思い当たる節があるという方がいらっしゃるのではないでしょうか。

社長はやはり社内のいろいろなことが気になりますから、できていないところを片っ端から直していきたくなるものです。

ですが、これまでお読みいただいたとおり、悪いところを直していく「部分最適化」を積み上げたところで、会社が根本的に強くなることはありません。


会社を全方位的によくしていったところで、顧客に刺さる突出した強みが生まれるはずがない

のです。

「他社よりも無難」「可もなく不可もなく」…そのような商品やサービスが選ばれたのは「大きな物語の時代」の話です。何度もお伝えしているとおり、今の時代にそのような無難なものが売れるとしたら、それは価格を下げたときだけです。

顧客が本当にお金を払いたいものは、そんな「無難で安いもの」ではないはずです。もっと自分にとって価値があり、かつ他にはないもの、自分の想像を超えるもの、自分たちの生活やビジネスを変えてくれるもの、そういった「未知の価値」を与えてくれるものに、顧客はお金を払いたいのです。

「価格競争力」という言葉がありますが、これはほとんどの場合「コスト競争力がある」、つまり他社よりもコストが低いから、低い価格がつけられるという意味で使われています。しかし、価格を下げて、量を捌いて、コストを下げて、また価格を下げて…このようなループに陥った企業はやがて苦しくなります。価格競争に勝者はいないのです。

経営者が目指すべきはそんな「低価格競争力」ではなく「高価格競争力」——つまり高い価格をつける力を持つことです。

御社ならではの価値を創造し、その対価に見合う価格をしっかりつける。これを望んでいるのは、他でもない顧客自身です。

ちまちまと自社の弱みを直して無難な存在になるのではなく、自社の突出した強みをひたすら磨くこと、この一点突破が求められているのです。

その言葉が「言っていないこと」を見よ

以上、事業を衰退させる3つの間違いについてお伝えしてきましたが、これらに共通するのは、「いま目の前に見えているものを見てしまう」ということです。

顧客の顕在ニーズ、競合の戦い方、自社の弱み…こういった「わかりやすいもの」に飛びついたところで、世の中に対して「未知の価値」を提供することはできません。

現代思想の考え方に、

その言葉が『言っていること』よりも、
その言葉が『言っていないこと』を見よ。

というものがあります。つまり、言葉になっていないことの方に本質が隠れているということです。

・顧客が欲しいと言っているものではなく、
まだ顧客自身もまだ気づいていない「隠れたニーズ」を探す。
・競合が「大事だ」と言っていることではなく、
彼らが見落としている「新しい戦い方」を選ぶ。
・社内で目につく「弱み」に対処するのではなく、
それらを一掃して余りある「強烈な強み」をつくる。

これは、一部の選ばれた企業だけができるということではなく、今までと視点を変える（視点を一段上げる）ことでどんな企業においても実践できることです。

いま立っている足元がどんなにデコボコでも、山頂に登ってそこからふもとを見てみれば地面がフラットに見えるように、社長が視点を上げることで、足元ばかり見ていた社員の視点も上がり、それまでフォーカスしていた個々の問題が些細なことに思えてきます。

目の前のことに振り回されるのではなく、視点を上げ、その言葉が「言っていないこと」を見ることで、「無敵」のポジションを築いていきましょう。

さて、次章では多くの企業が苦しんでいる「セールス」においても、少し視点を変えることで全く違う結果が出せる、ということについてご説明していきます。

第6章

相手の常識を崩し
高単価を実現する
"非常識セールス"の実践

1. なぜ多くの会社がセールスで苦戦するのか？

御社の営業マンが売れない2つの理由

さて、ここからは第2章でご説明した「ビジネスモデルをつくる手順」の最後のステップである「営業・販売」、つまりセールスについて、その要諦をお伝えしていきたいと思います。

「うちの営業が売ってこない…」――これは、普段、私が社長から聞かされるお悩みのトップ3に入るものです。

社長だけではなく、開発や製造からも、自社の営業に対する不満はよく耳にします。「売上はすべてを癒す」なんていう言葉もあるぐらいで、自社の商品・サービスがちゃんと狙った通りに売れていけば、いま社内で抱えている問題の大半が解決してしまう…ということもあるでしょう。

それぐらい、「売れないと話にならない」のでありますし、ましてや本書では「顧客も気づいていない潜在ニーズを満たすサービス」を提供しようというのですから、営業が顧客にちゃんとその価値を伝えられないと、せっかく意気込んでつくったキラーサービスも絵に描いた餅で終わってしまいます。

そんな、ビジネスにおいて非常に大切なセールスですが、なぜ多くの会社でこのセールスで結果が出ないのでしょうか？

その理由は実は非常にシンプルで、たった2つの点で説明がつくのですが、多くの経営者がこの2点をしっかりと理解して手を打っていないというのが実態です。

セールスで結果が出ない2つの理由のまず一つ目は、

「営業マンがセールスをやっていないから」

ということです。

「いや、ウチの営業マンは忙しくやっているし、そんなサボっていることはないはずだ！」と思われる経営者の方も多いと思いますし、その通り、大半の営業マンは忙しく動いていると思います。

でも、彼らはその忙しい時間の大半をセールス以外のことに使ってしまっているのです。

セールス以外のことというのはどんなことかというと、

・商品についての問い合わせへの回答
・商談準備（資料の作成など）

・見積り作成
・納期調整
・クレーム対応
・その他顧客対応

といったところです。

「どれも営業に必要じゃないか」と思われるかもしれませんが、よく見ていただくと、どれもこれも顧客との「商談」ではありませんから、これらのことでどれだけ忙しくしても、実際にものは売れていかない、ということになります。

これに営業マンの移動時間も必要になりますから、彼らが純粋に「商談」をしているのは全体の活動時間のうちの2割から3割となり、段取りの悪い人間であれば1割にとどまる…ということもあり得ます。

こういった作業は、確かに一見「必要な作業」のように見えますが、実は「仕組み化・標準化」することで大幅に時間を短縮したり、作業そのものを不要にしたり、ということが可能になります。

K社再建の例や米国シュレッダー製造会社の例、あるいは見積りの所要時間を一週間から一日に短縮したF社の例もそうですが、見積りや納期などをあらかじめ標準化しておけば毎回ゼロから計算する必要もなくなりますし、商品・サービスも「特注のようで標準」、つまり標準の組み合わせで提供できるようにすれば、前述のとおり「初めての試み」がなくなりますから、追加の打ち合わせやクレームも激減します。

よく社長が「私なら売れるのに、うちの営業は売れないんですよ。何が違うんですかねえ…」と首を傾げられることがありますが、そもそも御社の営業マンは「ほとんど売っていない」という事実を理解し、ちゃんと彼らが「商談」に時間を割くことができる体制をつくる必要があります。

そしてそれは個々の営業マンの仕事ではなく、営業のトップはもちろんのこと、企画・開発や製造などの各部署の責任者が協力して当たるべきものということを、社長が理解し、必要な対策を会社として取っていく必要があるのです。

セールスとは一体何をすることか？

さて、ここまではセールスの「量」の話です。「下手な鉄砲も数撃ちゃ当たる」で、営業マンが「純粋なセールス」に充てる時間を増やしていけば、御社の売上もそれに応じてぐっと上がっていく…かもしれません。

かもしれないとは歯切れが悪いじゃないか、と思われたことと思いますが、実は、数撃ちゃ当たっていたのは昔の話で、今ではやはり下手なら下手なりの結果しか出ないというのが実態です。

昔は「営業は足で稼ぐ」ということもできたのですが、今はいくらセールスの「量」を積み上げても、「質」を伴わなければ通用しない時代となりました。

その理由は、やはり昔は「買う」という行為がそれなりに大変だったからです。欲しいものがあっても購買先を探すのも一苦労でしたし、商品についてもパンフレットなどを実際に持ってきてもらって説明を受けないとよくわからない…。ですから、電話したらすぐに飛んできてくれる営業マンは重宝されていました。

しかし、情報化が進んだいま、購買先や商品の情報などはほとんどウェブ上で手に入りますし、いわゆるコモディティ商品であれば、一瞬で価格比較して安いところから買ってしまうということもできてしまいます。

そして、法人営業の場合は、昨今は人手不足の上に働き方改革なども相まって、相手側に昔ほど時間の余裕がありませんから、いちいち営業マンと会って時間を取られるのは避けたいということもあります。

それに、昔であれば「人間関係で売る」という要素も多分にあったわけですが、これも今ではなかなか通じなくなっています。法人であれば「同じものを高いところから買う」というのはコンプライアンス上問題になりかねませんし、対個人でも、「コモディティ商品は安いところから買い、大事なものはしっかり選んで買う」という二極化が進み、「人間関係で買う」という浪花節が通じる余地は少なくなってしまいました。

では、セールスの「質」を上げるとは、何をどうすることなのでしょうか？　実はこれにちゃんと答えられる経営者にお会いすることは稀です。

つまり、セールスで結果が出ない2つ目の理由は、

「経営者がセールスの本質を理解していない」

ということです。（「営業マンが」ではなく「経営者が」というのがポイントなのですが、その理由は後ほどご説明します）

こうお伝えすると、多くの経営者は「いや、自分が売ったらちゃんと売れるんだ。問題は社員が売ってこないんだ」と思われるかもしれませんが、そうなっているということは、やはり経営者のほうが「セールスとは何をすることか？」ということをわかっていないということなのです。

顧客は御社の商品など欲しくない

ここで、セールスの実力レベルを格闘技にならって「白帯」「茶帯」「黒帯」の3段階で表現してみましょう。

まず「白帯」は、

・情熱があれば売れる
・商品の良さをしっかり伝えれば売れる

と考えているレベルです。

結論から言うと、このように考えていてはものは売れません。これは、保険のセールスを想像してみれば理解しやすいと思います。

もしあなたが、最近知り合った方にお茶に誘われて出向いてみたところ、いきなり商品パンフレットを広げられて、熱心に保険商品の説明を始められたらどうでしょうか？

いまどきほとんどの方は必要な保険には加入済みでしょうから、いきなり保険の話を始められても迷惑と感じるはずです。

こういうセールスが効く相手と言うのは、「いますぐ保険を見直したい！」という差し迫った必要性を持っている人だけでしょう。

つまり、こういった「白帯」レベルのセールスでは、すでに「買いたい」と思っている人しかクロージングできませんから、セールスとしては失格です。

これは、熱心に勧めるから押し付けがましい…という話ではありません。**たとえ穏やかにわかりやすく話したとしても、その商品が欲しいとはまだ思っていない相手に商品の説明をすることは、「押し売り」と同じです。誰も商品の自慢など聞きたくないのです。**

ここは経営者によく理解していただきたい点です。営業マンがいくら自社商品に詳しくなったとしても、いくら商品パンフレットを作り込んだとしても、商品の説明をしている時点でセールスになっていないのです。

多くの営業マンや経営者が商品を説明するタイミングを間違えています。

「商品を説明するのは、商品が売れてから」というのが、商品を説明する正しいタイミングです。

「そんなこと言ったって、商品の説明をしないと売れないじゃないか！」と、ほとんどの方が思われると思いますが、そうではありません。

セールスの時点では、相手は「その商品は自分には必要ない」と思っています。もし思っていないならもう買っているはずです。ですから、まずはそんな相手の価値観や常識、思い込みといったものを崩していく必要があるのです。

では、商品の説明をする前にどんな話をすればいいのか？　ということですが、それをお伝えする前に、世の中の営業マンの中には「確かにいきなり商品説明はまずい」と考えてヒアリングを重視するタイプも多くいます。

・いくら商品の価値を訴えても相手にニーズがなければ売れない
・まずはしっかりヒアリングして相手のニーズを把握しよう

ということですが、こう考えるのは「茶帯」レベルです。

この、相手をヒアリングするというのは、セールス色（売り込み色）を抑えるという点では効果があるでしょう。

しかし、茶帯とは言いましたが、相手の状況やニーズをじっくり聞いているだけではセールスにはなりません。よく「セールスでは傾聴が大事だ」と言われたりしますが、傾聴に相手の価値観を変える効果はまったくないというのは現代思想ではすでに明らかになっていることです。

これも生命保険のセールスを想定していただくと明白だと思います。セールスマンに家族構成とか貯蓄状況、あるいは将来のライフプランなどをじっくり聞いてもらったら、何か大きな気づきを得て急に保険に入りたくなる…なんてことはまあ起こらないでしょう。そもそも、保険のセールスマンに根掘り葉掘り質問されている時点で、やはり「売られている感」は感じてしまうはずです。

また、相手がいま欲しいと思っているもの、つまり「顕在化されたニーズ」を聞いたところでそれは単なる「御用聞き営業」であり、同業者と相見積りを取られるだけのことだというのは、第5章でご説明したとおりです。

つまり、

- 相手のニーズなんて把握する必要ない
- そもそも相手は自分のニーズなんて分かっていない
- 相手自身も気づいていないニーズを示して相手を導く

というレベルに達してはじめてセールスの「黒帯」ということになります。

次々に有望顧客を開拓できた理由

そんな、相手の価値観を変え、いまだ気づいていない新たなニーズに気づかせるようなセールストークを相手にぶつける必要があるのですが、このときに非常に重要になるのが**「セールスストーリーを作り込む」**ということです。

セールスストーリーとは、セールストークのベースとなる「考え方」です。「何を語るか」がセールストークだとすると、セールスストーリーは**「なぜそれを語るか」**という理由の部分に当たります。このセールスストーリーの出来が、セールスの「質」を大きく左右するのです。

第1章で、私がミスミのインド事業を統括していた際に、ある特別対応を導入して一気に事業を伸ばすことができた、というお話しをしましたが、これも営業マンの一言がきっかけとなり、「売れるセールスストーリー」を思いついたところから、事業を大きく変えることができたのでした。

その一言とは、前述したとおり、「インドの金型はレベルが低いから、うちの部品なんか必要ないんですよ！」というものでした。このセリフを聞いた瞬間、この状況を反転させるストーリーがまさに「降りてきた」のです。

翌日、私は早速のその営業マンとともに、彼が前日訪問をしていた金型メーカーを訪問しました。彼に「悪いことは言わない。ミスミは辞めた方がいいよ」と親身に諭したというインド人社長のところです。

その社長は私の姿を見たとたん、苦笑しながらこう言いました。

「おいおい、ミスミは高すぎるんだから、日本人が来たって駄目だよ！」と。

私がすかさず、「そうですよね、ミスミの高品質な部品なんて、**御社の金型のレベル**だと必要ないですよね」と答えると、向こうは少し怪訝な顔をしながらも、

「…そう、ミスミの部品はインドの金型には良すぎるんだよ」と繰り返します。

その言葉にかぶせるように私は、

「ですよね。**御社の品質**だとミスミは使えないですよねえ」と、わざとバカにするように言ったのです。

「何が言いたいんだ！」さすがに社長は不機嫌になって言いました。「ウチの金型のどこが悪いって言うんだ」

私の狙い通りです。私は用意していたトークを展開しました。

「我々がインドに出てきた理由をお分かりですか？　それはスズキ自動車やトヨタ自動車といった日本の自動車メーカーから頼まれたからなんです。彼らがこれからインド現地での金型調達を増やしていくにあたって、金型部品はちゃんとミスミが現地で供給できる体制をつくってほしい…そう頼まれたからなんです」

社長は、「え、そうなの？　スズキに？」と食いついています。なんせスズキ自動車はインドでは当時市場シェア50％を超える、まさに神のような存在だったからです。

「そうですよ。スズキに頼まれたんです。でも、いまやスズキだけじゃないですよね。各社とにかく金型の現地調達を進めたいと躍起になっています。実際、スズキからは、現地のいい金型メーカーがあればそれも真っ先に知らせて欲しい、とも言われているんです。でも御社の品質じゃあ…」

社長は「おい、ちょっと待て」という顔で目を見開きながら私に言いました。

「ミスターナカガワ、プリーズ！　スズキ自動車を紹介してください。うちは何でも対応できますから！」

私は社長に申し訳ないなと心の中で思いながらも、うちの営業マンに言いました。

「紹介してくれって言われても…、なあ、この金型のレベルじゃあ難しいだろう。どこが駄目か社長にご説明しろ」と。

うちの営業マンは大きく目を見開いて私の方を見ましたが、観念したように、目の前の金型のどこがスズキに受け入れられるレベルにないかを社長に説明していきました。実は彼がこういう指摘ができるように、当時私と共に日本からインドに来ていた技術者に頼んで、当日の朝にレクチャーをしておいてもらったのです。

インド人社長はうんうんと頷きながら言いました。「じゃあそのあたりは直すから、スズキとつないでくれるか」と。


ここで私のクロージングトークです。「いま彼が説明したのは序の口です。よかったらウチの日本人技術者を連れてきますよ。彼の指導通りやっていったらスズキやトヨタと直接取引も夢ではないですよ。日系自動車メーカーが望む金型の品質レベルとか、設計のポイントなどは彼は全部わかっていますから。実際、すでにいろんなところから声がかかっていますので、彼も忙しそうですが、まあ急がせますよ。どうされますか？」

当然社長は「すぐにでも！」という返事です。

「では、なるべく早く彼に伺わせますが、ただそれまでに金型部品は全部ミスミに切り替えておいてくださいね。いまの現地の部品を使っていてはスズキと取引なんて絶対無理ですから…。でもスズキと直で商売できるなら、うちの部品なんてタダみたいなもんですよね」

これで全面的に切り替え完了です。

以上は実際のセールストークの流れですが、この背景にあるセールスストーリーは以下のとおりです。

・相手はインドの金型レベルに比べてミスミの品質はオーバースペックだと思っており、かつ自社の品質に関しては特に問題に思っていない。
・そこで、相手の金型レベルが「実はイケてない」ことを示し、かつこのままでは乗り遅れると思わせることができれば、現状を変えたいと思うはず…
・彼らが現状では視野に入れていない「スズキとの直取引」の可能性を示しつつ、我々の部品に切り替えることがそのためのチケットだと理解させる。

以上、実際はもう少し詳細な筋書きがあるのですが、実際に私が組み立てたセールスストーリーの骨子をお伝えしました。

このような、前夜思いついたセールスストーリーに沿って、当日相手に対してセールストークをぶつけたわけですが、結果は思った通りの展開となりました。

この後すぐにインド中の全営業マンを集めてこのセールスストーリーを説明し、自分だったらどのように話すかも練習させました。第1章でもご説明したとおり、営業マンにセールストークを丸暗記させてロープレを繰り返したところで、実際のセールスの現場ではうまくいきません。「なぜそれを語るか」という意図をしっかりわかってさえいればいいのです。

こうして、全営業マンは「セールスの意図」を理解し、「スズキとの直取引」という餌に食いつきそうなターゲットを再度洗い出して、インド全土で私がやったようなトークを展開していきました。

結果は劇的でした。まるでオセロで角を取ったとたん盤上の黒が一気に白にひっくり返っていくように、まったく現地ローカル顧客に食い込めていなかった我々は、次々に有望顧客との取引を開始できたのです。それも一社目のように「即全面切り替え」です。

営業マンとしては経験もほぼゼロ、口も大して達者ではないし、機転が利く方でもない彼ら全員が、笑いが止まらないような成果を出していきました。

もちろん彼らの頑張りは大いに賞賛されるべきですが、このように全員が大きな結果をだせたのは、営業活動をセールスストーリーによって「標準化」した結果と言えます。

社長は売れるのに社員は売れないとか、よく売る営業マンと全然売ってこない営業マンがいる、という社長の悩みをよく聞きますが、これは「強いセールスストーリーによって営業マンのセールスを標準化できていないから」、ということに尽きます。

このセールスにおいて非常に大事な点をおろそかにするから、各営業マンが「自己流」で確率の悪いセールスを繰り返すことになってしまうのです。

ここからは、そんな会社の売上を大きく左右する「セールスストーリー」について、さらに深く解説していきたいと思います。

2. セールスストーリーが顧客の常識を崩す

相手の現状の臨場感を下げる

「まだ商品が売れていないのに、商品の説明をするのは早計」ということをお伝えしましたが、これを聞いた相手からのよくある反応のひとつが、「相手は商品を欲しいんじゃなくて、そこから得られるベネフィット（便益）が欲しいんですよね」というものです。

確かに、顧客が本当にお金を払っているのは、その商品自体ではなく、その商品を買うことによって生まれる「変化」です。第2章でも「ドリルを買う人が欲しいものはドリルではなく〝穴〟である」とお伝えしたとおりです。

しかし、私が本章でお伝えしている「商品を語るな」というのは、「商品から得られるベネフィットを語れ」ということとは全く異なります。

結論から言うと、この「便益」を語ったところで売れません。これは、よくマーケティング業界で言われる「理想の未来を語れ」というのも同じことです。そんな、商品を買えば手に入る「便益」や「理想の未来」を語ったところで、まともな人にはものは売れないのです。

その理由は二つです。

まず一つ目は、商品自体を語ろうと、そこから得られる便益を語ろうと、「セールス色」満載だからです。

例として挙げた保険のセールスも、営業マンは保険自体の説明というよりは、「この保険に入ったらあなたはどうなるか」という話をしているはずです。しかし、聞かされる側からすれば、それも「商品の説明」の範疇です。必死に売ろうとしている感が満載なわけです。

ですから、セールスマンがどんなに「あなたのために」「お客様のことを思って」という感じを出してきても、冷静な買い手であれば「いや、あなたが売りたいだけでしょ」と思ってしまいます。

そして、もう一つの理由が非常に大事なのですが、人はそんな「未来の話」をされてもリアリティが湧かないために行動に結びつかないのです。

「この商品を買えば痩せる」「売上が上がる」「生活が快適になる」…世界中そこらかしこで語られるセールストークですが、これらは「未来の臨場感（リアリティ）を上げる」アプローチです。つまり、「未来のいいイメージ」を相手に持たせようとしているわけですが、人は「まだやっていないこと」についてはイメージが湧かない、つまりピンとこないのです。

もちろん、ピンとこないからと言ってすぐさま断られるわけではないですが、よくある相手の反応は「わかりました。ちょっと考えます…」というものです。その後しばらく時間が経つと覚めてしまい、結局契約に至らないということになります。

では、相手の価値観を変え、その商品を買う、契約する、という行動に出てもらうためにはどうしたらいいかというと、それは**未来の臨場感を上げるのではなく、「相手の現状の臨場感を下げる」**アプローチが有効です。

「現状の臨場感を下げる」とはどういうことか？　これは、別の言い方でいうと、「自分のいまの状況は問題ない、大丈夫だ…という相手の考えが間違いであることに気づかせる」ということです。

先ほどのセールスストーリーの例でいうと、相手は「インド全体の金型の品質はこんなもんだし、別にウチは問題ない」と思っていたわけですが、そこに、「日系自動車メーカーは金型の現地調達を進めており、他社はその品質水準に合うように動き始めている」という事実を伝えることで、「うちはこのままではまずいかも…」と思わせたということです。

人は不快を避け、快楽を求める

なぜこのように、未来の臨場感を上げるのではなく、現状の臨場感を下げるアプローチが相手の行動に結びつきやすいのでしょうか？　それは、人間の持つ本能に由来します。その本能とは、「人は『快楽原則』に従う」というものなのですが、これは簡単に言えば、「人は痛みを避けて、快楽を求める」というものです。

そして、その「痛み」か「快楽」かで言うと、人は圧倒的に「痛みを避けたい」という欲求の方が強くなります。

これは皆さんもイメージが湧くのではないでしょうか。例えば、自宅のリビングに「もっといい家具を置きたい」とか「きれいな絵を飾りたい」と思っていたとしても、うだるような真夏の暑い日に、もしそのリビングのクーラーが壊れてしまったとしたら…、当然のことながらクーラーの修理を優先させるはずです。

ですから、現状別に問題ないと思っている相手に、「この商品を買えばさらに良くなりますよ」と訴えるよりも、その商品をまだ買っていない現状が、実は「問題がある」と気づかせるアプローチの方が、セールスを成功させるにははるかに有効ということです。

インドの事例では、「もっと品質を上げましょう」というふわっとした話ではなく、「これからインド現地金型メーカーの業界地図が書き換わる」という絵を見せたことで、「その動きに乗り遅れるかもしれない」という痛みに気づかせたわけです。

ここでのポイントは、こちらは「御社はこのままではマズイ」なんていう押し付けがましい主張をしているのではない、という点です。そんな、相手を脅したり、煽ったりしてセールスするのではなく、業界のトレンドとしてはこうなりつつあるという業界の動向を伝えています。これを「構造を語る」という言い方をしますが、主語を「あなた、御社」ではなく、「世の中・社会・業界…」という抽象度に引き上げることで、話に客観性が生まれ、相手に気づきを与えることができるのです。

これは、前述した英語スクールのT社の場合も同様です。彼らがセミナーを通して見込み客に理解させていることは、「あなたたちがいつまでたっても英語が話せないのは、ネイティブ偏重の日本の英語教育業界が間違っているせいだ」ということです。

業界が「ネイティブとのレッスンを数多く繰り返すことで、英語は話せるようになる」という幻想を生徒に持たせていることが、日本人が「世界有数の英語下手」である根本原因である——ということを伝えることにより、受講生に「自分もその幻想に乗ってレッスンに通っていた」という痛みを与えるとともに、「実は英語の発音を出せる身体をつくり、かつ英語の言語構造（＝ネイティブの頭の使い方）を知れば、大人になってからでも十分英語はマスターできる」との新たな道を示すことで、痛みから逃れる道をも提示しています。

このように、話の抽象度を一段上げて「構造」を語ることで、相手に質の高い気づきを与えることができるのです。

抽象度を上げるという点でいうと、**そのセールストークで相手に買ってもらうモノの抽象度を一段上げている**というところも重要なポイントです。

インドの例では、もちろんビジネス上売ろうとしているのはミスミの製品なわけですが、セールストークでは最後の段階まで一切商品の話はしていないことにお気づきになられたでしょうか。

我々が売ろうとしたものは、ミスミの部品ではなく、「彼らがスズキと直取引できるかもしれないという可能性」です。あるいは「夢」と言ってもいいでしょう。

そんな、「いままで考えたこともなかった」、あるいは「無理だと思っていた」夢や可能性が、実は実現できる状況にあり、あとは、御社がウチとそれを目指すかどうか、という判断を迫ったということです。

そして、相手が「自分たちもスズキと取引ができるようになりたい。どうしたらいいんだ？」というマインドになった時点で実はクロージングは済んでいます。商品はもう売れているのです。そしてそうなってから、その夢を実現するための、「日本人技術者による技術指導という特別対応」と、それを受けるための「ミスミ商品への切り替え」という、いわば狭義としての「商品」を提示し、買ってもらったということです。

これが「商品の説明は、商品が売れてから」という意味です。

セールスはビジネスの最上位概念

さて、これまでインドやT社の事例も交えながら、セールスストーリーを組み立てることの重要性についてお伝えしてきたわけですが、経営者に本当に理解していただきたい点をこれからご説明していきたいと思います。

それは、**特別対応の中核となるキラーサービスを考える前に、セールスストーリーはできている、**ということです。

インドの例でいうと、「ミスミの品質はインドではオーバースペックだ」という相手の主張の反転ロジックとして、「ミスミの部品を使っても意味のないような品質の金型であればスズキとは取引できない」というストーリーを思いついたわけですが、そのストーリーと最終的に売りたい商品の間を埋めたのが、『金型づくりの技術指導をする』というキラーサービスだったということです。

潤滑油販売業のY社が「オイルコンサルティング」という打ち出し方に転換したのも同様です。この場合のセールスストーリーは以下のようなものです。

・顧客は、機械用の潤滑油（オイル）はメーカー指定ブランドならどこでも同じだと思っている
・そこで、「多くの会社が潤滑油の選び方や使い方が間違っているために、機械設備のパフォーマンスや寿命を棄損している」ということを伝えれば、痛みを感じて潤滑油選びを考え直すはず…
・特に、相手の経営者は潤滑油についての興味がなくても、自社が大金を投じて投資した機械設備は大事に思っているので、「これは潤滑油の話ではなく機械設備の話」ということを経営者に理解させられたら強い

このようなストーリーにもとづき、相手に「潤滑油販売」と思わせないために、『オイルコンサルティング（＝オイルを通した機械設備コンサルティング）』というキラーサービスに着地したのです。

つまり、商品・サービスを企画するに当たっては、それが売れるためのストーリーがまずないといけないということです。つまり、セールスストーリーを考えることは、商品・サービスを考えることよりも「上位の概念」ということになります。

これを逆の言い方をすると、売れるセールスストーリーが考えつかないような商品や

サービスはつくってもしょうがない、ということです。

そうなると、経営上非常に大事なことに気づかれるのではないでしょうか？

それは、

「セールスストーリーを考えるのは、営業の仕事でもなんでもなく、経営の仕事である」

ということです。

世間一般的には、セールストークは営業トークと言い換えられるぐらいですから、当然営業部、あるいは個々の営業マンが考えることだと認識している経営者も多いと思います。

しかし、ここでご説明したとおり、そのセールストークの元となるセールスストーリーが商品・サービスの企画のベースとなるわけですから、そんな大事なものを一営業マンに任せておいていいはずがない、ということになります。

これが、本章の冒頭で、多くの会社がセールスに苦戦する理由のひとつとして、「（営業マンではなく）経営者がセールスの本質を理解していない」とお伝えした理由です。

セールスの活動自体は当然ながら営業部で実施すべきものです。しかし、売るための筋書きとなるセールスストーリーは、商品・サービスを企画する時点で、社長以下、経営陣全員で考えるべきものです。そうでなければ、よくある「いい商品だけど、売れない商品」がつくられるだけです。

第2章で「ビジネスモデルをつくる手順」というものを、三角形の図で示しながらご説明しました。その図では三角形の一番下のレイヤーに「営業・販売」が来ていましたが、これは実際の活動の時系列ではそうなっているものの、実際はその「営業・販売」の一番重要な要素である「セールスストーリーの構築」は、左ページに図のように一番上のレイヤーに位置するということになります。

つまり、売れるストーリーづくりこそＵＳＰの構築につながるということですから、実際は左の図のようになります。これは言い換えると、**「セールスこそビジネスの最上位概念」**ということです。

この考え方が、本書の最終章でお伝えする「全社一丸となって強みを磨き続ける体制」につながっていきます。

【ビジネスモデルをつくる手順】

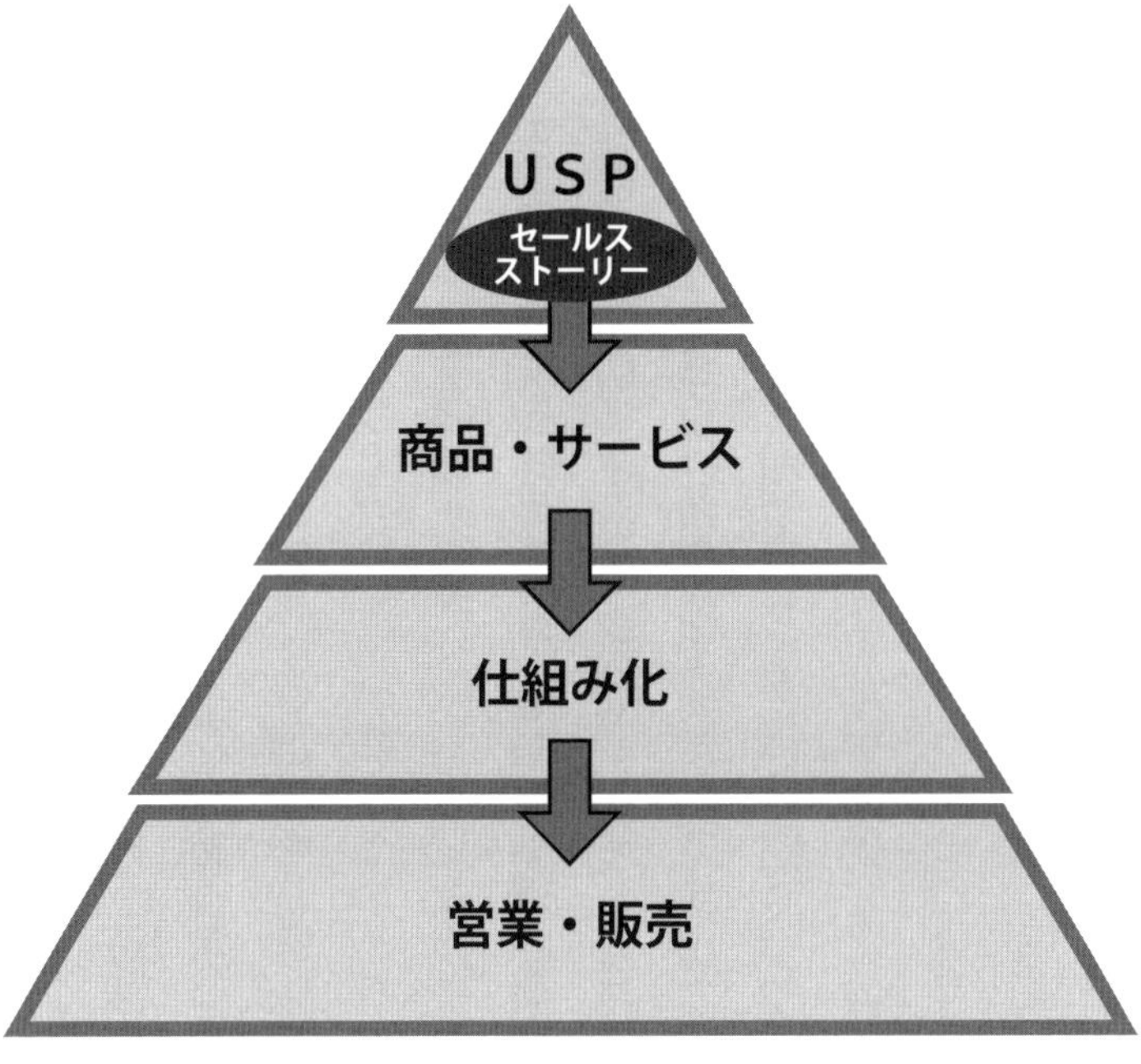

©Killer Service Laboratory

理念より信念よりも大切なもの

インドの事例では、営業マンが涙ながらに訴えた一言から、一夜にして新たなセールスストーリーを思いつき、そこから「金型製作の技術指導」という特別対応のアイデアが出てきたとお伝えしましたが、実は私には前々からある想いがありました。

海外に進出して現地で事業を成功させるためには、その国の社会や業界にどれだけ貢献できるかが鍵となると私は常々考えていました。

そこで、ミスミのインド事業においても、単にミスミの高品質部品を提供するだけではなく、もっとインドの製造業の水準を引き上げるようなことができないか？　それができたらこの事業はきっとこの国で支持される、と考えていたのです。

とはいえ、こちらも事業の立ち上げに必死でしたし、「技術者の教育」というのは、ゆくゆくはインドの金型協会らと連携するなりしながらやっていきたいという程度で考えていました。

そのような中、顧客に技術指導をすることで当社の製品を買ってもらうという流れをつくり、大きく顧客に貢献しながらこちらの事業も成り立たせる、という仕組みをつくることができたわけです。

これはつまり、「その国の社会や業界に貢献する」という私の信念、そして、「インドの製造業のレベルを一段引き上げる」という会社としての理念、これらを一段具体に落とし、顧客に提供できる形に落とし込んだということになります。

ここに、「私の思いが社員に伝わらない」「理念を社員に落とし込むことができない」といった経営者が持つ悩みを解決する答えがあります。

それは、「理念や信念は落とし込めない」ということです。

また極端なことを言い出した…と思われるかもしれませんが、「お客様に喜ばれる会社になる」とか、「顧客から愛される会社づくりへ」とか、「全従業員の物心両面の幸福を…」といくら声高に唱えたところで、社員にしたら「まあ、そうだな…」と思う程度ではないでしょうか。

それまでよほど顧客のためにならないようなことをしていた会社なら話は違うかもしれませんが、普通に働いてきた社員にそういった理念をいくら聞かせたところで、彼らの具体的な行動が大きく変わるということはないはずです。

いくら抽象的なことを言っても社員の行動そのものが変わらない、つまり現象が起きないのですから、それらはやはり「落とし込めない」のです。

これは対顧客でも同じことです。「技術の力で顧客に貢献する！」と言ったところで、顧客にしてみたら、「で、おたくは何してくれるの？」と思うだけということです。

理念を唱えたところで実際のビジネスでうまくいくわけではないとしたら、では何を持てばいいのでしょうか。

それは**「品念」**です。

品念とは、会社の理念や経営者の信念が、商品やサービスのレベルにまで落とし込まれたものです。

なぜこの商品・サービスが世の中に必要なのか
この商品・サービスが世界をどのように変え、お客様をどう幸せにするのか
なぜ他社の商品・サービスでは駄目なのか

こういった、いわば自社の商品・サービスの存在意義といえるものです。つまり品念とは、会社の理念、経営者の信念、そして商品・サービスを売るための一級のセールスストー

リーがすべて内包されているものと言えます。

本書でも「いい商品」イコール「売れる商品」とはならないとお伝えしてきましたが、まさにインド市場におけるミスミ商品もいい商品ではありましたが、現地顧客にはまったく売れませんでした。

しかし、

インドの製造業のレベルを引き上げる一助となりたい
うちの高品質部品が必要となるような金型づくりを実践してもらいたい
値段が3倍高いというのなら、御社の金型単価を3倍に引き上げたらいい
自動車メーカーによる「現地調達化」の波に乗り遅れてほしくない

そんな、「品念」がこもったキラーサービスを打ち出すことによって、顧客を動かすことができたのです。

そして、その「品念」は、うちの営業マンの行動力倍増という結果も引き出しました。

今までどこへ行っても「高い！」と言われ続け、心が折れそうになっていた彼らが、「こ

れならいける！」「お客様のお役に立てる！」と、毎日一社でも多く訪問しようと頑張るようになったのです。

品念を持つことは事業戦略そのものであり、品念を具現化することは商品戦略そのものであり、また品念を語り伝えることは販売戦略そのものです。つまり品念の言語化なしに経営は成り立たないと言っても過言ではありません。

顧客に貢献したいという想いと、彼らを動かすセールスストーリーが融合された「品念」を御社のキラーサービスに落とし込み、御社の手で「現象」を起こしていってください。

第7章

5年、10年と
強い企業で
あり続けるために

1. 会社の継続的な成長にも仕組みが必要

一枚岩の経営を実現するために

さて、これまで「儲かる特別ビジネス」をつくるために必要な考え方と実践の手順をお伝えしてきました。

本書を通じてお伝えしたいことは、価格ではなく、「自社の独自性で選ばれるビジネスをつくるやり方はある」、ということです。

自社のすべての事業活動を「それがUSPの強化につながるか？」「それをやって勝てるか？」との判断基準を持ちながら進めていけば、どんな業種・業態の企業であろうとも、必ずや勝機を見出すことができます。

反対に、目指すゴールも、それを実現する具体戦略もあいまいなまま、やみくもに目の前の問題に取り組んだところで、忙しいだけで会社はどこへも向かいません。

実際、当社のクライアント企業においても、最初のご相談時に「いろんなことをやってきたのに会社はよくなっていかない」と、社長がため息交じりに言われるケースがよくあります。

では、そんな目の前の問題解決ではなく、本当に意味のある戦略的打ち手を確実に実行していくためには、何が必要なのでしょうか？

その答えは、**「場」をつくる**、ということです。

どんな「場」かというと、「社長以下、経営幹部全員が定期的に集まり、会社の強みづくりに関する事項だけを協議する場」となります。

この「強みづくりに関する事項だけ」というのがポイントで、この「場」では「今月の売上予測」や「個別案件の受注見込み」といった日常の事業活動の報告会のようなものではなく、もっと根本的な事業の課題解決や仕組みづくりについて意思決定をしていく場です。

ここで検討していく事項は必ずプロジェクト化します。プロジェクト化の第一歩は、**「プロジェクトに名前をつけること」**です。

なんだ、当たり前じゃないか、と思われるかもしれませんが、この「重要なプロジェクトに名前をつける」ということを多くの企業がやっていないのです。

名前をつけるというのは、つまり「カタチにする」ということです。中長期的な課題というのは、差し当たって火がついていませんから、非常に曖昧な状態で認識されています。

誰が何をやっていくのか明らかになっておらず、モヤモヤした状態です。そういう「無形」のものに名前をつけることによって、はじめて「扱える状態」になるのです。

この感覚は、お子さんをお持ちの方ならお分かりになると思います。子供が生まれても、名前が決まるまではなんとも落ち着かない気持ちで、１００％我が子だと言えない感じがしてしまうのですが、名前が正式に決まってはじめて我が子に対する責任や覚悟を実感することができますし、次のことがいろいろと考えていけるようになるものです。

プロジェクトも同じことで、名前がつくまでは、それがプロジェクトだと認識されることもありませんし、それが実行されることも絶対にありません。

名前がつくことで、そのプロジェクトの責任者、具体的なアクションプラン、各アクションの実行担当者と実行期限…といった、極めて重要なことが次々と決まっていくのです。

当社のコンサルティングでは、こういったクライアント企業が特別ビジネスを展開するために進めていくべきプロジェクトを一枚の「**プロジェクト管理シート**」にまとめます。

たとえば、前述した〝半〟自動化ラインの設計・製造をスタートさせたＨ社であれば、

・プロジェクト1：自動機メーカーとの協業推進
・プロジェクト2：顧客獲得のための導線づくり
・プロジェクト3：自動化ライン設計の手順決定…

といった具合です。もちろん、各プロジェクトごとに詳細なアクション項目を決めて、その実行担当者と実行期限も明確にします。そして、このシートを定例会議のたびに更新していく流れをつくるのです。

出来上がったシートを見ながら、H社長は、「なるほど！　こういう風にプロジェクトが見える化されたら、いやでも実行されますね…」と言われていましたが、「やるやる」と言いいながらなかなか着手できない「緊急ではないが重要な事項」も、こうやって仕組み化すれば、確実に実行されることになります。

さて、ここでお聞きします。本書をお読みの経営者の方は、自社で今現在いくつの重要プロジェクトが走っているかを聞かれて、パッと答えることができるでしょうか？　そして、それらのプロジェクトはどんな名前で共有されていて、それぞれの責任者は誰で、いまどのあたりまで進んでいるか？　プロジェクト完了のめどはいつ頃か？　そういったこと

ます。

もし、これらの質問にすらすらと答えられる状態になっていないとしたら、御社はおそらく目の前のことに振り回されていて、「戦略的な攻め」ができてないということになります。

戦略的経営を実践し、会社を確実にステージアップさせていくためには、この「プロジェクト化」と、そのプロジェクトに関する意思決定をしていく「場」が絶対に必要です。これは、会社の規模や、業種・業態を問わず、どんな会社でも例外はありません。

「そんなプロジェクト名とか、重要案件を議論する場とかはないが、自分の頭の中で全部それはしっかり考えられている」という社長も多いですが、その場合はすべて社長が考えて、他の役員と社員は社長の指示を待っている、という状態ではないでしょうか。

それでは会社は社長の器以上に大きくなりませんし、もし社長に何かあれば「終わり」ですので、いま一度自社の経営体制について再考されるべきでしょう。

自社にない仕組みは買ってくる

ところで、本書では一貫して「業務を仕組みで廻す」ことの重要性についてお伝えしていますが、その仕組みをどうやって作ったらいいかわからない、とのご相談をよくお受けします。まず仕組み化の重要性をご理解されている時点で第一歩進まれているということですが、具体的にどう設計したらいいかわからない場合は、「その仕組みを外部から買ってくる」というのが一番確実で速いです。

仕組みを買うことは、ある意味、広告宣伝費を使うのと同じです。自社の商品やサービスを広く告知しようと思ったら、ｗｅｂ広告を利用するのがひとつの有効な手段ですが、その場合は当然ながらグーグル広告やヤフー広告、あるいはＦａｃｅｂｏｏｋ広告など、すでに広く使われている広告手段をお金を払って利用することになるでしょう。

これと同じで、自社にある仕組みが整っていないのであれば、すでに体系化された仕組みを買ってくるのが最も効率的です。

仕組みをつくることは手段であって目的ではありませんから、そんな「手段」はさっさと手に入れてしまえばいい、ということになります。

当社がやっていることも、簡単にいうと「仕組みの販売」です。経営コンサルタントというと、クライアント企業の経営に関する様々な問題を解決するという、いわゆる町医者のような職業のようなイメージがあるかもしれませんし、もちろんそういったスタイルのコンサルタントの方の方がまだまだ多いと思いますが、当社の考えは、経営コンサルタントの役割とは、**「体系化された仕組みを提供して、クライアント企業の経営を加速させること」**だと考えています。

ですから、当社のコンサルティングは、あらかじめ標準化された10のステップが「コンサルティングブック」にまとめてあり、その内容に沿って進めていくことで、確実のその会社に仕組みが出来上がるようになっています。

そして、当社のコンサルティングが終了してからも、幹部の方々がそのコンサルティングブックを参照しながら同じステップをたどることによって、当社抜きでも特別ビジネスが構築できるよう、再現性を担保しているのです。

H社長がコンサルティングの際中によく言われていた言葉があります。それは「これって本当に知っているか知らないかだけですねえ」というものです。コンサルティング開始前は、「本当にうちにそんな仕組みが出来上がるんですかね…?」と不安を口にされていましたが、「仕組みづくりのやり方は、習ってしまえば終わり」だったりするのです。

当然ながら、当社は「特別ビジネスの仕組み構築」をキラーサービスとしていますので、例えば、「確実にお金が残る財務基盤づくり」とか、「スムーズな事業承継の仕組み」、あるいは「儲かるフランチャイズ経営の仕組み」といったものは、他のコンサルタントから仕入れていただければいい、ということになります。

事実、そういった「ビジネスを加速するために必要なものは買ってくる」という投資思考を持っている社長は、当社のコンサルティング終了後も「こんな仕組みづくりを手伝ってくれる先生は知りませんか?」と、よくご相談があるほどです。

「ビジネスはスピードが大事」とよく言われます。それは、市場の変化をいち早く先取りして、競合より先んじることが重要…という意味合いももちろんありますが、別の理由としては、**「何か新しいことをやりきろうとするときに、スピードをもって臨まないと勢いがつかずにやりきれない」**ということです。

コンサルティングブック

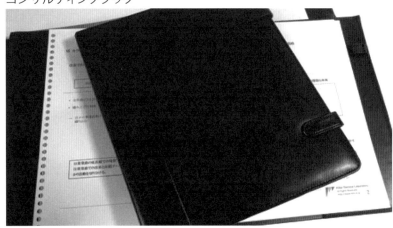

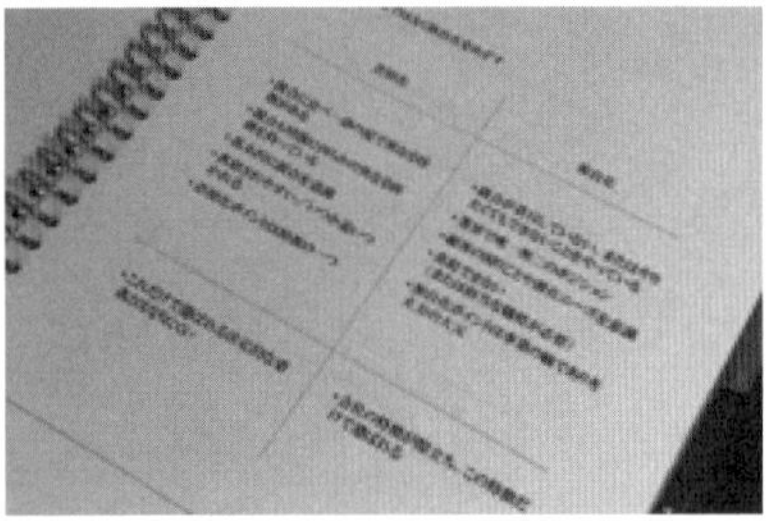

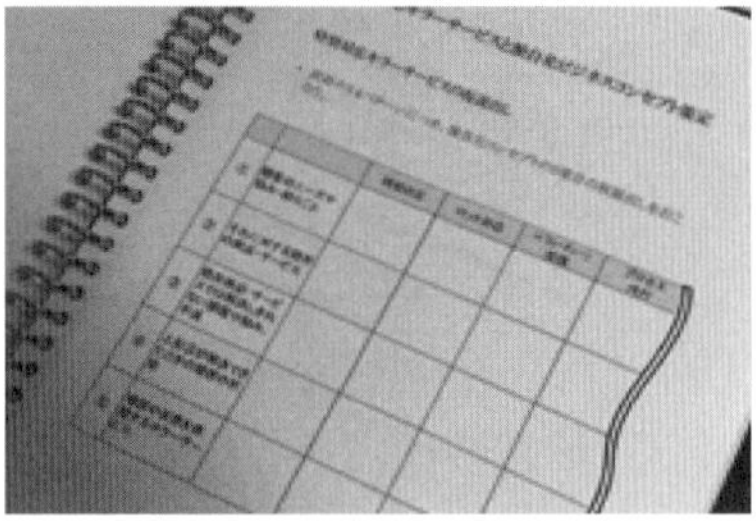

プロジェクト管理シート

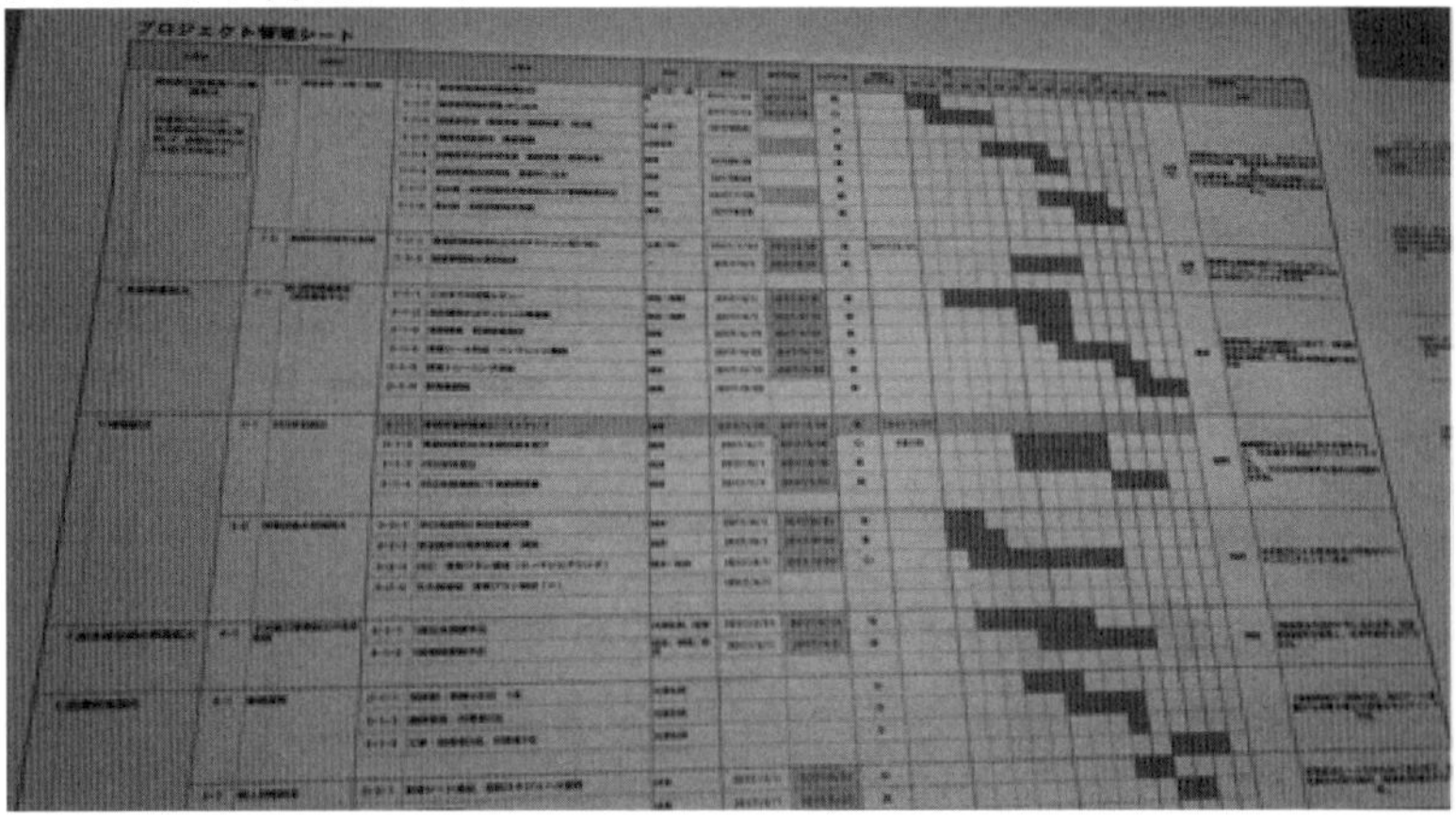

自分たちで社内に新しい仕組みをつくろうとしたときに、この「スピードをもってやり切れるか」というのは非常に重要です。

人は飽きやすく冷めやすい生き物ですから、だらだらやり始めて、途中で少しつまづくことが出てくると、「やっぱりやめよう」という負の慣性が働きます。こうなると台無しです。二度と自分たちのやり方を変えようという機運は動かなくなります。

そのような事態を避けるためにも、「必要な仕組みは買ってくる」という習慣を社長にはぜひ持っていただきたいと思います。

「創って、作って、売る」が断裂していないか

さて、ビジネスでけっかを出すために重要視される指標のひとつに「生産性」があります。企業がもつヒト・モノ・カネという資産は限りがありますので、それらを効率よく使って最大のリターンを得るためには、生産性を上げることが非常に大事だというわけです。

しかし、多くの企業で、その生産性を著しく下げてしまうようなことを、全社を挙げてやってしまっています。私がこれまで直接関わらせていただいた百社超の会社を思い返しても、そのほとんどが、大なり小なりこれをやってしまっていました。

そんな、「生産性を著しく下げること」とは何だと思いますか？

それは、**「部署間で対立する」**ということです。


これは、常に言い争いをしたり、ほとんどコミュニケーションを取らなかったり…といった極端な対立だけのことを言っているのではありません。そういった目に見えた対立でなくても、社員が「自分の部署のことを一番に考えて仕事をする」というもの立派な対立です。

企業は生産性を高めるために、部署を分けて仕事を「分業」します。ある程度会社のビジネスの規模が大きくならないと生産性が上がらないと言われている理由は、ビジネスの規模が小さいと、この「分業」ができないからです。

ところが、この「分業」のやり方を間違えると、それぞれの部署の内部だけで物事を考えるということが起きてしまいます。各部署が自分たちだけの仕事の成果や効率性を考えて「部分最適化」を推進し、それをはばむ他部署を非難したり、足をひっぱたりするわけです。

太平洋戦争において、旧日本軍の陸軍と海軍が足を引っ張り合い、官僚的な縄張り争いと予算の取り合いに終始していたと聞けば、「一体何をやっていたのか。戦う相手が違うじゃないか…」と誰もが思ってしまうものだと思いますが、これとよく似たことを多くの企業がやってしまっているということです。

では、こういった「部署間の対立」を解消し、それぞれの部署が同じゴールに向かって協力体制をもつためには、どうすればいいのか？

その答えが、先ほどご説明した、「全社横断的に重要事項について議論する場を持つ」ということです。

どんな小さい会社でも、企画、製造、営業といった部門間で断裂が起きてしまうものです。各リーダーは、全社の状況を俯瞰することができずに視野が狭くなりがちですから、**「自分にとっての正義」**を通すために他部署と戦うことになります。

しかし、当然ながら、それぞれの部署をバラバラに強くしていったところで、会社が強くなるはずはなく、むしろどんどん弱くなっていきます。

ですから、そういった部門長やリーダーが定期的に集まり、全社横断的なプロジェクトについて議論し、意思決定する「場」が必ず必要になるのです。

各部門のトップが一堂に会し、自社のＵＳＰやセールスストーリーを考え、それを具現化する商品・サービスを企画し、それを実現する仕組みづくりに取り組み、そして営業・販売戦略を立てる――このサイクルを廻す体制があってはじめて、企業は継続して自社の強みを高め続けることができるのです。

この体制を運営するにあたって重要な点が2つあります。

まず一つ目は、**この「場」としての経営会議の実施を会社の最優先事項とする**、ということです。最優先事項ですから、どんなに忙しくて社長はその会を欠席してはなりません。社長が「ちょっとバタバタしているから、今月はやっといてくれ」なんて言い出したら、この会議の運営（=重要プロジェクトの推進）はゆるゆるになってしまいます。

そうではなく、社長の「何があってもこれだけは出る」という姿勢が、他の参加者のコミットメントを引き出し、プロジェクト完遂の後押しをするのです。

そして、重要な点の二つ目は、**参加メンバーに「経営幹部である」との自覚を持たせる**ことです。彼らには、営業部長だとか、製造部長だとか、開発部長といった、各部署のリーダーとしての「顔」がありますが、彼らに経営幹部としての「もうひとつの顔」を強く意識してもらうことが必要になります。

ですから、会議中、参加メンバーの発言が「社員レベル」、あるいは「自部署のことだけを考えた発想」になっていたとしたら、社長はすかさず「そんな考えで経営幹部と言えるのか」と、視野の狭さを正していく必要があります。彼らに、「自分たちの手で会社を良くしていくのだ」との意識を持たせ、野党ではなく「与党の覚悟」を迫るのです。

当社のコンサルティングにおいても、参加メンバーが「野党から与党に変わる」という変化はよく見られます。

コンサルティングの導入は、ほとんどの場合が社長の決断によるものですし、当然ながらその決断を面白く思わない社員もいるでしょう。

事実、参加メンバーの中には、「どうせこんなことをやっても…」「また社長が変なのを連れてきた…」というオーラをコンサルティング初回から全力で出してくる人もいます。

しかし、コンサルティングにおいては、研修と違って実際に参加メンバーにも自社の経営について考えてもらいますから、初めは斜に構えた態度をとっていた社員も2回目、3回目と進んでいく中で、だんだん顔つきが変わり、発言も会社のことを考えたものになってきます。

この変化の理由としては、おそらくは、参加メンバーが次々に真剣で意味のある議論をしていくのを目の当たりにして、「この場を利用して会社をちょっとでも良くしよう」というポジティブな考えが芽生えてくるのと、あとは、「自分も何かマシなことを言わないとどうやらまずそうだ」という焦りの気持ちが生まれる、という二つの面があると思います。

いずれにしても、プロジェクトを推進する経営会議には、他の業務に優先し、かつ経営幹部としての当事者意識と覚悟をもって臨むことを参加メンバーに求めることで、彼らの視点は上がり、リーダーとしての素養は大きく開発されていくのです。

経営はよく航海に例えられます。社長は船頭として船が進むべき進路を示し、社員は漕ぎ手としてオールを握ります。

そんな航海も、漕ぎ手が誰もオールを漕がなかったり、バラバラな方向に漕いだりしていては話になりません。そんな、どこへも進まない船に魅せられる社員はいないでしょう。一方で、漕ぎ手がピシッと息を合わせて同じ方向に向かってオールを漕いだとしたら、いかがでしょうか。社長としても航海し甲斐があるというものではないでしょうか。

よく「社長は孤独」と言われますが、目の前で自社の将来について熱く語る幹部たちの姿を目の当たりにすると、社長も「自分はひとりではない」と感じられることと思います。もちろん社長の意識レベルと、幹部らのそれとは依然大きな開きがあることでしょうが、少なくとも「同じ船に乗っている」と感じることができるはずです。

ぜひ、幹部が一枚岩となって重要プロジェクトを推進する体制を構築し、会社を飛躍させる仕組みづくりに取り組んでいってください。

2. 特別ビジネスで実現する「報われる経営」

自由であるはずの社長を縛りつけるもの

私は、コンサルタントとして独立する直前の2年間、経営共創基盤（IGPI）というコンサルティング会社に勤務しました。同社は、ＪＡＬやカネボウなどを再建した産業再生機構が解散されたあとに民間会社として立ち上げられた会社で、各コンサルタントは経営改革を担うプロフェッショナルとして厳しく評価される世界でした。

その経営共創基盤では、各々がプロとして心に刻むべき「８つの行動指針」というものが示されていました。

その８つの行動指針の中でも、特に最初の２つは私の心から一度たりとも消え去ることはなく、いまでも常に自分に問うべきものとして胸に刻んでいます。

そのひとつめは、**「心は自由であるか」**というものです。

これまで「一枚岩の経営」についてお伝えしてきましたが、とはいえ、やはり社長が孤独な存在であることには変わりありません。

どう孤独かというと、「経営上のすべての責任は社長にある」という一点で、社員はもちろんのこと、他の役員とも背負っているものが全く違うということです。

売上が上がらないのも、利益率が低いのも、社員が定着しないのも、顧客からのクレームが絶えないのも、すべて会社の将たる社長の責任です。

なぜすべて社長の責任かというと、それは社長が最終的にはすべてのことを決める権限、つまり「自由」を手にしているからです。よく言われるように「責任と自由はセット」ということです。

しかし実際は、社長はそんな「自由」を手にしているでしょうか？

残念ながら、答えは「否」、自由であるはずの社長は、実際は様々なものに縛られ、がんじがらめになっています。

何に縛られているかというと、それは「常識」や「思い込み」、あるいは世間で「当たり前」とされていることです。

そういった、常識や思い込みのことを「コード」と呼びます。ドレスコードのコードです。業界のコード、あるいは製造業、卸売業、といった業種・業態のコード、さらには自社の昔からの方針、はたまた社長自身が昔から従っている常識・思い込みといったコード、そういった様々なものに、社長は無意識のうちに縛られています。

人は何かにしがみつきたい生き物です。心の中に固定点を欲しがります。誰もが従っているものに自分も従って安心したいのです。

ましてや我々日本人は、第5章でも述べた通り、幼少期からの教育を通して「従順化すること」を求められて育ちます。ほどほどに勉強して、無難な人間になるように仕向けられるのです。

その結果、周りに従順であればサバイバルできると思いこまされるわけですが、現実はまったくそうではないということを、近年我々は目の当たりにしてきました。

バブル崩壊、リーマンショック、その後のＩＴバブル崩壊…、あるいはそこまでの大きな不況ではなくても、業界大手が不祥事を起こして一気に業績が悪化したり、頼みの綱である大口顧客が倒産して巻き添えをくらうなんてことも、いまやまったくめずらしいことではありません。

まるで3・11の東日本大震災のように、突然の津波に襲われ、それまでの平穏だった日々が突如として失われるといったことが、ビジネスの世界において普通に起こりえるのです。

企業を突如にして襲う津波

私がまだ20代の駆け出しの頃、商社勤務時代に関わった繊維卸業のN社も、そんな、業界を突然襲った津波にさらわれてしまった一社です。

社長が脱サラして独立起業された会社は、立ち上げ時の苦労はいろいろとあったものの、好景気の後押しもあって、その経営は軌道に乗っていました。

しかしながら、その後バブル経済が崩壊し、まずは大口顧客が倒産、そしてメインの仕入先も倒産してしまい、N社の経営も窮地に立たされました。

私が相談を受けたときには、もうどうにも打つ手がない状態で、私は何のお手伝いもできないまま、ほどなくしてN社も倒産してしまったのです。

私は、すっかり落胆されたN社長とご家族の方々を前にして、なんともお声かけすることができず、ただただ自分の不甲斐なさに情けない思いをしたものでした。

この経験が、その後私がコンサルタント業を起こすこととなった原点となっています。大きな津波が襲ってきても大丈夫なように備えていただきたい、その一心で中小企業の経営支援にあたっています。

その備えとはもちろん、これまで本書でお伝えしてきたとおりです。「自分たちは何屋」の定義を見直し、一段上に抜け出ることです。他社と横並びで同じようなことをやっていては、コモディティ化という津波に襲われてしまいます。

だから、「特別ビジネス」なのです。「普通」というコードから逃れ、自社の独自性を築くことで、波にさらわれない特別な存在となることができるのです。

普通のビジネスをやるというのは、すでにあるものに従属する生き方です。ある意味、何かの奴隷になる、ということです。

社長は何の奴隷にもなる必要はありません。心を自由にすることです。社長を縛りつけるものなど何もないのです。

業界が右肩下がり？　斜陽産業？　競合が強すぎる？

どこで戦うか、そしてどんな戦い方をするかは、社長の自由であり、社長の責任で決めるべきことです。

わが社の実力はこんなもの…、うちの社員では無理…、それも決めつけです。そんな固定点などありません。自分で自分を縛りつけているだけです。言わば、「自己監視システム」を自分でつくってしまっているのです。

私がよりどころとしている行動指針の2つ目は、**「逃げていないか？」**です。

何から逃げないか…、それはもちろん自分の役目、自分が本当にやるべきことです。

今そんなに経営がうまくいっていないわけでもないし、わざわざ社内をかき回す必要もないだろう…そんなふうに思う社長も多いでしょう。「わが社の方針は現状維持！」なんていうつもりはないけれど、変えるのは少し先でもいいのではないか…そう思っているうちに津波にさらわれた企業が数多く存在することも事実です。

いま現実をしっかり見据えて将来の希望を勝ち取るか、それとも問題を先送りして、最後に大きな絶望を味わうか。これも社長の選択です。

いま日本はいろいろな意味で厳しい状況です。世界から取り残されつつあります。そんな状況を反転させ強い日本を復活させる鍵は、経営者にあります。中小企業の社長が強い経営をすること、それしかありません。社長が逃げたら、この日本は終わるのです。

社長は現状のコードに「ＮＯ」を突き付ける存在であるはずです。すでにあるものに追随するなら、それはリーダーではなくフォロワーだからです。

特別ビジネスで本当の自分を見出す

自由になるためには、自分を客観視することが必要です。自分たちはどんなコードに縛られているのか？　そこを言語化し、それを捨てていくのです。

自分というのは自分だけでつくられているのではなく、外部からの影響を受けてつくられています。これが自分の考えだ、信念だ、と思っていても、知らず知らずのうちに周りの環境のコードに引っ張られています。

自分を俯瞰し、自分に張りついているコードを剥がしていくことで、そんな「誰かにつくられた自分」を捨てることができます。

その結果、「自分の核」ともいうべきものが立ち上がってきます。自社がやるべきことの純度が上がります。特別ビジネスを志向することは、自分自身を知ることにつながるのです。

私は、一社でも多くの企業にこの境地に到達していただきたいと願っています。競合との不毛な価格競争で消耗するのではなく、自社ならではの独自性で選ばれ、お客様に感謝される。そしてその報酬として、通常の何倍も儲けることができる。そんな経営をぜひ実践していただきたいのです。

そしてそれは、選ばれた少数の企業だけができるということではありません。事実、当社のクライアント先においても、実に様々な業界や業種・業態の企業が、事業のコンセプトを見直し、自社ならではの特別ビジネスを構築することにより、大きく事業を飛躍させることに成功しています。

御社にも必ず可能性はあります。ユニークな経営で「非常識」な結果を出す、その第一歩をぜひ踏み出してください。

儲けた先に社長が手にするもの

さて、本書では、タイトルに「利益3倍化を実現する」とつけているとおり、企業が格段に高い利益を上げるための考え方をお伝えしてきました。

しかし、実は本当にお伝えしたかったことは、特別ビジネスをつくることで「儲けた先に得られるもの」についてです。

それは、「**報われる経営**」です。

もちろん、この資本主義社会においてはお金がものをいいます。実際、会社がしっかり利益を出しており、キャッシュフローも十分プラスで廻っていれば、会社として安定しますし、社員にしっかり報酬を払うこともできます。

しかし、社長が本当に求めていることは、儲けることももちろんですが、なにより「経営者として挑戦すること」、そして「自分の想いを世に問うこと」ではないでしょうか。そして、そんな社長の想いに対して、顧客が心から「ありがとう」と感謝してくれる。その瞬間こそが、社長が報われるときです。

そして、この「報われる」というのが、特別ビジネスの最大の特徴です。

顧客も気づいていない隠れたニーズや困りごとを解決する特別ビジネスを提供することによって、顧客から「本当に助かった」、「おたくの会社があってよかった」と感謝される。そして、それによって社長や社員の方々が心から「報われた」と感じることができる。そんな経営を実現していただきたい一心で、日々クライアント企業の経営支援に当たっています。

自社独自の売りを明確にし、その一点で戦うということは、いわば「うちの会社はこれで世界を良くしていきます」と、高らかに旗を掲げることです。

そんなユニークな会社が増えていけば、世界は必ずよくなりますし、人々の働き方も確実に変わるはずです。

どこの会社で働こうかと思ったときに、自社独自の旗を高らかに掲げ、「この指とまれ！」と仲間を募集している会社が選択肢としてあふれていれば、彼らは自分が最も共感できる会社を就職先に選ぶことができます。

それは言わば、「社員が社長と夢を共有する」ということです。そのようにして入社してきた社員はきっと仕事を自分事と捉え、夢中になって仕事をすることでしょう。これが本当の働き方改革であると、当社は本気で考えています。

一本筋の通った経営が社長にもたらしたもの

H社のコンサルティングが終了してから半年後、H社長にお会いし近況をお聞きしました。なんでも〝半〟自動化の新事業は好調で、自社による直接の案件獲得ができているだけでなく、いままで元々の治具製造事業で付き合っていた商社も非常に乗り気で、次々にお客様を紹介してくれているとのこと。

また、これまでの下請け仕事と異なり、H社が企画提案の部分を握っていますから、価格も納期も自社でコントロールでき、「今まで価格と納期で苦しめられていたのが嘘のようです」と、かつては「もう会社に行きたくない…」と言っていた社長から笑顔がこぼれています。

今まで対応が渋かった銀行からの評価もガラッと変わり、経営が非常に楽になったとのことでした。

事業コンセプトが強いと、売ってくれる人、応援してくれる人が集まってくるという現象がここでも起こり始めています。

しかも、元々の治具製造事業の方も、もう儲からないことはやりたくないと思って新しい案件を断っていたら、一次部品メーカーから「なんとかお宅でやって欲しい」と連絡がきたとのこと。以前なら5次下請けで600万円の仕事が、2千万円で通ったということでした。

「えらい順調ですね！」とお伝えすると、「いや〜、そうでもないんですよ。大変なこともあったんです。実はあれからすぐに社員が6人も辞めたんですよ」とのこと。しかし、それを言っているH社長の顔は、実に晴れ晴れとしていました。

会社の急激な変化に「社長にはついていけない」といって古参社員が辞めていったとのことですが、これは当社からすると「よくあること」です。彼らはただただ変わりたくない、自分が今までやってきたことを変えたくない、という人たちです。

つまり、旗を高らかに掲げた今では、同じ思いの人だけが残り、そして同じ思いをもった人だけが入ってくるということになります。

逆に言えば、**社長が自らの理念や大義に気づき、それを「品念」にまで落とし込んで、**

自社ならではの旗を掲げることをしなければ、ただなんとなくこの会社で働いているという社員ばかりがのさばることになります。

トップが思いを持ち、それを打ち出さなければ、組織は必ず腐ります。そんな、思いを持たない社員であふれる会社が顧客の心を動かすことはありませんし、社長が報われることもありません。

会社に仕えるのが社員だとすれば、経営者の仕事は世の中に仕えることです。その意味において、経営者の仕事というのは公職であると言えます。

社員は目の前の目標が達成できれば喜びます。でも社長はそうはいきません。これからも続く社員の人生のために、そして更なる社会貢献のために、常にその先を考えてく必要があります。この心境は社員にはわからない境地です。

だからこそ、社長には「報われる経営」を実現していただきたいのです。

「いや、なんていうか、自分の中で一本筋が通ったというか、やっていることが確信に変わりました。経営者になってよかったって初めて思えました」――最後にH社長から出てきた言葉です。

誰かの役に立っている――それが実感できれば、人は報われます。そして、自分の人生に確信が持つことができます。

そして、そんな「人生をかけた経営」をする社長の下でこそ、社員たちも人生をかけることができるのです。

時代が大きく変わろうとしている今こそ、そのような経営者の登場が待ち望まれています。ぜひ、自らの旗を高らかに青空に掲げて、顧客に心から感謝される「報われる経営」を実現させてください。

自分の人生を生かしきるために。

次はあなたが旗を掲げる番です。

あとがき

本書を手にとっていただくと共に、最後まで読んでいただきありがとうございました。一人でも多くの経営者に奮起を促したい思いで、本書を執筆しました。

私が社会人になったのは、ちょうどバブル経済が崩壊した直後でした。商売がしたいと思って商社に入社し、運良く数多くの中小企業との取引を担当させてもらいましたが、当時、多くの経営者や社員の方々が元気を失っていました。

そこからは、いわゆる「失われた30年」です。本文中でも触れましたが、いま日本は世界から取り残されている状況です。一人当たりの労働生産性では先進国中で最下位、世界競争力ランキングでは30位、平均賃金は19位、教育に対する公的支出のGDP比は40位……と、低い数字を挙げていけばキリがないほどです。

日本がこのような現状にある原因は、日本の教育にあると私は考えています。従順さを求める教育が日本人の自律性を失わせ、自分の頭で考えられない人間を量産しています。最近ではそんな教育界を変えようという動きも出てきてはいますが、これは非常に時間のかかることでしょう。

やはり、この日本が強くなるかどうかは、経営者にかかっています。日本活性化の鍵は、本書を通してお伝えしたとおり、独自の強みを持つユニークな企業が数多く出てくることです。そのような企業は、顧客に貢献できるだけでなく、そこで働く社員を成長させます。彼らを熱くし、自分で考える習慣を持たせることができます。

昨今は「働き方改革」が叫ばれていますが、これには少々違和感もあります。もちろん、強制的に社員を長時間働かせることは避けなければなりませんが、より大事なことは、働く人々が自発的に「もっと働きたい」「もっと頑張りたい」と思える職場をつくることのはずです。そして、それを主導できるのは経営者だけなのです。

そんな、日本復興の鍵を握る経営者を心から応援する思いで、日々クライアント企業の経営支援にあたっておりますが、自分のやっていることにふと虚しさやもどかしさを感じるところもあります。

というのも、当社は「特別ビジネスの構築」というコンサルティング内容もあって、一社一社個別にコンサルティングを実施する方式をとっていますが、これは個社での成果は期待できるものの、ご支援できる社数は年間数十社に限られてしまいます。これでは社会に与えるインパクトとしては、非常に軽微と言わざると得ません。

その点では、今回の本書の出版により、より多くの経営者の方々に私の考えをお伝えできる機会を得たことを非常に嬉しく感じております。

経営において「こうすれば絶対にうまくいく」という鉄板のノウハウなどありませんが、成功確率を上げるための、原理原則ともいうべき「考え方」はあります。

本書ではそんな、数々の現場体験から導き出された、経営を強くするための考え方の説明に重点を置きました。まだまだお伝えしきれていない部分も多々ありますが、自社独自の強みで世の中に貢献したいと願う経営者の方々にとって、本書が少しでもお役にたてるようでしたら嬉しく思います。本書の内容を知識として頭の片隅にしまっておくのではなく、ぜひ実際の行動につなげていただきたいと切に願っております。

末筆ながら、前職にて身に余る成長機会をいただいた稲畑産業株式会社の稲畑勝太郎氏、また常に正しい「考え方」を持つことの重要性を教えていただいた株式会社ミスミの池口徳也氏、そして、私が本職を目指す上で様々なご指導をいただいた五藤万晶氏と森永聡子氏に、心より感謝申し上げます。ありがとうございます。

令和元年　12月吉日

株式会社キラーサービス研究所　代表取締役　中川　洋一

著者　中川　洋一（なかがわ　よういち）

経営革新コンサルタント。株式会社キラーサービス研究所 代表取締役

イレギュラー対応を仕組み化し、儲かる特別ビジネスに仕立てる専門家。本来〝イレギュラー〟であるはずの特別対応を、普通に仕組みで廻せる「標準化」を行うことで、極めて強い営業力を持ち、さらに競合不在の〝無尽蔵の市場〟で利益3倍化を実現させることが可能に。これまで、倒産状態に陥った企業の経営再建から成長企業の新規事業立ち上げまで、百社を超える様々なステージにある企業を直接指導。いまや悩める中小企業の救世主的存在として注目を集めている。

前職は商社にて数々の企業の経営再建に従事した後、標準化で高成長を続ける株式会社ミスミに勤務し、インドとアメリカでの新規事業立ち上げにおいて事業を統括。現地にて業界初のサービスを立ち上げ、事業を成長軌道に乗せた実績を持つ。その後経営共創基盤（IGPI）を経て株式会社キラーサービス研究所を設立。現在同社代表取締役社長。

https://ksli.co.jp/

小社 エベレスト出版について

「一冊の本から、世の中を変える」――当社は、鋭く専門性に富んだビジネス書を、世に発信するために設立されました。当社が発行する書籍は、非常に粗削りかもしれません。熟成度や完成度で言えばまだまだ低いかもしれません。しかし、

・リーダー層に対して「強いメッセージ性」があるもの
・著者の独自性、著者自身が生み出した特徴があること
・世の中を良く変える、考えや発想、アイデアがあること

を基本方針として掲げて、そこにこだわった出版を目指します。

あくまでも、リーダー層、経営者層にとって響く一冊。その一冊から経営が変わるかもしれない一冊。著者とリーダー層の新しい結び付きのきっかけのために、当社は全力で書籍の発行をいたします。

利益3倍化を実現する「儲かる特別ビジネス」のやり方

定価：本体3、080円（10%税込）

2019年12月9日　初版発行
2024年7月11日　四版発行

著者　中川洋一（なかがわ よういち）
発行人　神野啓子
発行所　株式会社　エベレスト出版
〒101-0052
東京都千代田区神田小川町1-8-3-3F
TEL　03-5771-8285
FAX　03-6869-9575
http://www.ebpc.jp

発売　株式会社　星雲社（共同出版社・流通責任出版社）
〒112-0005
東京都文京区水道1-3-30
TEL　03-3868-3275

印刷　株式会社 精興社　　装丁　MIKAN-DESIGN
製本　株式会社 精興社　　本文　北越紀州製紙

 ISBN 978-4-434-26816-8